ANJA
KLEIN

Kleiner Garten — so viel drin

Selbstversorgen mit Gemüse, Obst und Blumen

KOSMOS

INHALT

Hey, ich bin Anja,

zusammen mit meinem Mann Andreas, der übrigens für die wunderschönen Bilder in diesem Buch verantwortlich ist, gärtnere ich in einem 700 m² großen Schrebergarten. Ziemlich viel Platz für Gemüse, Obst und Blumen, aber das war nicht immer so. Angefangen habe ich auf Fensterbänken, Balkonen und in winzigen Mini-Gärten. Aber egal, wie klein die Fläche war, die mir zur Verfügung stand, ich konnte immer etwas ernten.

Es macht mich glücklich, einen Teil meiner Nahrungsmittel selbst zu erzeugen. Auch auf 700 m² bleibt eine komplette Selbstversorgung Utopie, aber das macht nichts. Es reicht mir, dass wir während der Saison ziemlich viele Gemüse- und Obstsorten im Überfluss ernten und bis in den Winter hinein genießen können.

Genau das möchte ich auch dir ermöglichen, denn ich bin davon überzeugt, dass jeder Garten, ganz unabhängig von seiner Größe, nützlich und schön sein kann. Um dir das zu zeigen, haben wir in unserem Garten 40 m² eingezäunt und darin einen kleinen vollständigen Garten angelegt. Zu meinem Ernteglück gehören auch die Blumen. Die Tomate auf meinem Teller füllt meinen Magen, die Blume in der Vase mein Herz und das ist mir persönlich genauso wichtig.

Komm mit und lass dich auf den nächsten 144 Seiten davon überzeugen, wie schön und ertragreich ein kleiner Garten sein kann. Am Ende unserer gemeinsamen Reise wirst du stolz und glücklich auf deine kleine Nutzgarten-Oase und auf deinen gut gefüllten Erntekorb blicken. Das ist jedenfalls mein Ziel und darauf freue ich mich.

Deine Anja Klein

GUT GEPLANT IST HALB GEERNTET

DAS WAR DER ANFANG

Oh Gott, werde ich es schaffen, diese leere Fläche in wenigen Wochen in ein fruchtbares und schönes Gartenparadies zu verwandeln?

Auf dem Weg zu deinem Wunschgarten

Du stehst im Garten – klein, aber dein –, schaust auf eine leere, vielleicht verwilderte Fläche oder auf ein Rasenviereck und fragst dich, wie du es schaffen sollst, diesem überschaubaren Fleckchen Erde möglichst viel leckeres Obst und Gemüse zu entlocken? Schön aussehen soll es ja auch noch.

MACH DIR EINEN PLAN

Geht alles, wenn du dir Zeit für eine gute Planung nimmst. Zunächst brauchst du eine maßstabsgerechte Zeichnung von der verfügbaren Fläche. Es ist wichtig, dass du maßstabsgerecht zeichnest. Man verschätzt sich unheimlich leicht beim Platzbedarf von Beeten und Wegen, diese Arbeit lohnt sich also wirklich.

VON NULL AUF GARTEN

Dafür brauchst du eine gute Planung. Der erste Plan für unseren Beispielgarten ist spontan auf einem Pizzakarton entstanden, natürlich habe ich die Zeichnung später maßstabsgerecht auf Papier übertragen.
Also schnapp dir ein Blatt Papier, ein Maßband oder eine Mess-App und beginne damit, deinen Garten auszumessen. Erstmal die Länge und Breite ermitteln und dann feste unverrückbare Bestandteile, wie zum Beispiel Bäume, Mauern oder Hecken, vermessen und zunächst in eine grobe Skizze eintragen.
Wenn du alle wichtigen Maße ermittelt hast, überträgst du sie in eine maßstabsgerechte Zeichnung. Mach die Zeichnung nicht zu klein. Ich habe unsere Fläche im Maßstab 1 : 20 mit Bleistift auf einen Din A3 Block übertragen. Es gibt auch einfache und kostenlose 2D-Zeichenprogramme, falls du lieber am Computer arbeitest. Das hat auf jeden Fall den Vorteil, dass du deine Planung leichter und ohne Radiergummi korrigieren kannst.

WAS KANN WEG, WAS SOLL BLEIBEN?

Überlege dir, welche der bereits vorhandenen Strukturen du behalten willst und welche du auflösen möchtest. Gibt es feste betonierte Wege oder andere versiegelte Flächen?
Je mehr Fläche du entsiegelst, desto

Wie groß ist der Baum?

Zeichne bei vorhanden Bäumen auch eine dünne Linie für die Baumkrone ein. Du kannst diesen Bereich später bepflanzen, musst aber die besonderen Bedingungen unter dem Baum beachten.

Die Schattenlänge verändert sich mit dem Stand der Sonne und der Jahreszeit. Im Herbst bin ich eine Schattenriesin.

mehr kannst du für den Anbau von Gemüse nutzen. Ist dein Grundstück mit einer Hecke eingefasst? Hecken nehmen mitunter viel Platz weg. Wenn du auf einen hundertprozentigen Sichtschutz verzichten kannst, ist eine essbare Gartenumrandung vielleicht die bessere Wahl, um die Ernte zu maximieren. Vorhandene Bäume sind super, vor allem, wenn es sich um Obstbäume handelt. Nadelbäume sind da schon weniger nett, sie werden meist sehr hoch und verschatten große Bereiche und für den Anbau von Gemüse brauchst du nun mal viel Sonne.

WO SCHEINT WANN DIE SONNE HIN?

Apropos Sonne, ein ganz wichtiger Aspekt bei deiner Planung ist die Ausrichtung deines Gartens. Mithilfe eines Kompasses oder einer Kompass-App findest du ganz einfach heraus, wo auf deinem Grundstück Norden, Süden, Osten und Westen ist. Trage die Himmelsrichtungen in deinen Gartenplan ein.
Wenn die schmale Seite deines Gartens nach Süden und die Seite mit dem Haus nach Norden zeigt, bekommt dein Garten, sofern er nicht von Nachbargrundstücken verschattet wird, im Tagesverlauf am meisten Sonne ab. Aber auch bei jeder anderen Ausrichtung wird es sonnige Bereiche in deinem Garten geben.
Mach dir ein Bild davon, wann die Sonne wohin scheint. Dabei spielen natürlich auch schattenwerfende Objekte in deiner Nachbarschaft eine Rolle. Im Netz findest du kostenlose Rechner, mit denen du den Sonnenstand im Tagesverlauf anzeigen lassen, und andere, mit denen du die Schattenlänge ausrechnen kannst. Beachte außerdem den unterschiedlich hohen Sonnenstand im Verlauf der Jahreszeiten und denke daran, dass Bäume im Sommer Blätter haben und für massiven Schatten sorgen können.
Ich habe einmal ein Beet mit Wintergemüse bepflanzt und dabei nicht bedacht, dass das Beet im Winter durch den tiefen Sonnenstand kaum Sonne abbekommt. Das war ein Reinfall, den ich dir gerne ersparen würde. Auch wenn ich jetzt etwas vorgreife, für deine Gemüsebeete solltest du den sonnigsten Platz in deinem Garten reservieren.

HIMMELSRICHTUNG
Mit der Kompass-App ganz leicht zu erkennen

GEMÜSE BRAUCHT SONNE
Reserviere für deine Gemüsebeete den sonnigsten Platz im Garten!

Guter Boden – Gute Ernte

Die Qualität deines Bodens ist wichtig für den Ernteerfolg. Im besten Fall ist er feinkrümelig, durchlässig, humos und mit einem aktiven Bodenleben. Ich sag es gleich, der beste Fall tritt eher selten auf, aber wenn du weißt, welchen Boden du hast, kannst du Maßnahmen ergreifen, die ihn nach und nach verbessern.

EINFACHE BODENPROBE

Nimm für eine erste Einschätzung einfach etwas feuchte Erde in die Hand und forme daraus ein Würstchen. Klappt gut? Du hältst ein festes, glänzendes Würstchen in der Hand? Dann hat dein Boden einen hohen Lehmanteil. Lehm kann zwar sehr gut Wasser speichern, erwärmt sich aber schlecht und lässt wenig Luft an die Wurzeln. Das Würstchen lässt sich formen, zerbröselt aber schnell? Herzlichen Glückwunsch, dein Boden besteht aus einer Mischung aus Lehm und Sand. Perfekt für den Anbau von Obst, Gemüse und Blumen. Würstchen, welches Würstchen? Egal, wie dolle du rollst, du hast nur Brösel in der Hand? Dann hast du es mit einem sandigen Boden zu tun. Sandige Böden trocknen schnell aus und enthalten wenige Nährstoffe. Lehmige und sandige Böden kannst du durch das Einbringen organischer Substanz verbessern.

Miss den pH-Wert

Im Gartencenter bekommst du für ein paar Euro einen pH-Test für Gartenboden. Er zeigt dir in wenigen Minuten den pH-Wert deines Bodens an. Die meisten Pflanzen fühlen sich bei einem pH-Wert zwischen 6 und 7 am wohlsten. Eine Ausnahme sind säureliebende Pflanzen wie Heidelbeeren (siehe S. 81), sie benötigen einen niedrigeren Boden pH-Wert zwischen 3,5 und 4 für ein gesundes Wachstum und reiche Fruchtbildung.

DIE GROSSE BODENPROBE

Du willst ganz genau wissen, wie es mit den Nährstoffen in deinem Boden aussieht? Dann musst du eine große Bodenprobe nehmen und sie im Labor analysieren lassen. Der beste Zeitpunkt dafür ist das frühe Frühjahr. Anbieter findest du über dein Gartencenter oder im Netz. Die Kosten belaufen sich auf ca. 50 €.

1

pH-Test einfach und schnell

2

3

PROBLEMATISCHE BEDINGUNGEN

In Neubaugebieten ist der Boden oft durch die Bauaktivitäten mit schwerem Gerät stark verdichtet. Solche Böden manuell aufzulockern, ist echt anstrengend, aber wenn du Zeit hast, kannst du Pflanzen diese Arbeit machen lassen. Sonnenblumen lockern mit ihren Wurzeln den Boden auf und bringen organisches Material ein. Die Wurzeln verrotten und regen das Bodenleben an. Du hast dann zwar anstelle eines Gartens ein Jahr lang ein Sonnenblumenmeer, das kann sich aber in mehrfacher Hinsicht lohnen. Vögel und Insekten wären sicher begeistert und letztlich kannst du die Kerne auch für deinen Bedarf ernten.

BEI DIR WÄCHST ÜBERALL RASEN?

Keine Sorge. Rasen lässt sich leichter und schneller, als du denkst, in fruchtbare Gartenerde verwandeln. Für den Anbau von Gemüse arbeitest du

1. Lehmigen Boden kannst du mit Sand und Kompost verbessern, sandigen Boden durch Mulchen, Düngen und die Zugabe von Tonmineralmehl.

2. Dieser Boden hat den perfekten pH-Wert für den Anbau von Gemüse.

3. Sonnenblumen sind wunderbar dazu geeignet, stark verdichtete Bodenstrukturen aufzulockern.

1

2

3

1. Schau dir unsere Rahmenbeete an: So sahen sie im März aus …

2. … und kurz darauf mit den ersten Pflanzen.

3. Wenige Monate später: Gemüse-Eskalation und ein ständig gut gefüllter Erntekorb.

dann am besten mit Rahmenbeeten. Sie werden einfach aufgestellt, die Rasenfläche deckst du mit Pappe (ohne Klebebänder) ab, füllst mit Pferdemist und Erde auf und schon kannst du pflanzen. Bis die Wurzeln der Pflanzen am Rasen angekommen sind, ist er verrottet und versorgt dein Gemüse mit allerfeinstem Stickstoff. Bei Staudenbeeten gehst du genauso vor. Beet begrenzen, mit Pappe abdecken, Pferdemist und Erde auffüllen und einfach pflanzen. Wenn es dir optisch gefällt, kannst du den restlichen Rasen einfach stehen lassen und musst dir um den Wegebelag keine Gedanken mehr machen. Achte nur darauf, dass die Wege breit genug sind für den Rasenmäher, aber dazu auf Seite 32 noch mehr.

SCHADSTOFFE IM BODEN – WAS TUN?

In Städten sind die Böden in Neubaugebieten mitunter auch mit Schadstoffen belastet. Das erfährst du ent-

Beete prall gefüllt mit Gemüse

weder bereits beim Kauf oder durch eine spezielle Bodenanalyse. Anbieter findest du unter dem Suchwort „Bodenanalyse Schadstoffe" im Netz. Die Kosten liegen bei 50 bis 100 €.
Aber auch wenn das in deinem Garten der Fall sein sollte, musst du nicht völlig auf eine eigene Ernte verzichten. Der Anbau von Gemüse, Obst und Kräutern im Hochbeet ist trotzdem möglich. Du musst dann nur eine spezielle Folie unter den Hochbeeten auslegen, die das Eindringen der Schadstoffe vom Erdboden in deine Gemüseerde verhindert.
Je nachdem, in welcher Höhe und mit welchen Stoffen dein Boden belastet ist, reicht es auch, den pH-Wert im neutralen Bereich um pH 7 einzustellen. Bei diesem pH-Wert können Pflanzen deutlich weniger Schadstoffe aufnehmen. Lass dich hierzu am besten von dem Labor, in dem die Bodenanalyse durchgeführt wurde, beraten, sie kennen sich mit der Problematik am besten aus.

40 QUADRATMETER GEMÜSE, OBST UND BLUMEN

Im März war hier noch eine leere Fläche, im Juni sieht unser Beispielgarten bereits aus, als wäre er immer schon da gewesen.

Unser Beispielgarten

Deine Bestandsaufnahme ist abgeschlossen, du weißt jetzt, was du hast, aber noch nicht, wie du weiter vorgehen sollst? Ich möchte dich dabei so gut wie möglich begleiten und habe mich deshalb einfach in die gleiche Situation gebracht.

GARTEN IM GARTEN

Zusammen mit Andreas habe ich einen 40 m^2 großen Bereich in unserem Schrebergarten abgetrennt, um darin einen komplett neuen und vollständigen kleinen Garten anzulegen. Der Garten ist 8 m lang und 5 m breit. Er hat eine Ost-West-Ausrichtung, Terrasse und Haus musst du dir dazudenken. Es würde an der schmalen nach Westen ausgerichteten Seite stehen. Nachdem wir die Fläche im Februar mit einem Staketenzaun eingezäunt hatten, stand ich zunächst mal eine Weile etwas ratlos darin herum. Genau wie du habe ich dann einen maßstabsgerechten Plan gezeichnet, mir Gedanken zum Sonnenstand und zur Gestaltung des Gartens gemacht und schließlich zehn Module entwickelt, die sowohl meinen Anspruch an eine große Ernte als auch den an einen schönen Garten, in dem ich mich gerne aufhalte, erfüllen.

IN ZEHN MODULEN VON NULL AUF ERNTEGLÜCK

Die Einteilung deines Gartens in Module hilft dir dabei, den Überblick zu behalten. Sie zerlegt die Gartenplanung quasi in kleine zu bewältigende Einheiten. Du kannst Prioritäten setzen und mit dem anfangen, was dir am wichtigsten ist. Genauso gut kannst du einzelne Module, die dir nicht so wichtig sind, erst mal weglassen. Schritt für Schritt setzt du dir so, erstmal auf dem Papier und später dann in der Praxis, deinen Wunschgarten zusammen.

Lass dir Zeit beim Anlegen deines Gartens, der erste Schritt ist vielleicht schwer, der zweite schon einfacher und irgendwann sitzt du da und kannst kaum glauben, dass du das geschafft hast.

UNSER GARTEN

So sieht er in etwa aus. Rechts anschließend musst du dir die Terrasse vorstellen. Das Kräuterbeet und die Gemüsebeete schließen direkt daran an. Auf einem leicht geschwungenen Weg erreichst du von der Terrasse aus das Staudenbeet und das Bohnen-Tipi. Im hinteren Gartenteil wachsen Himbeeren und Heidelbeeren in einem speziell dafür angelegten Beet.

DIE GEMÜSEBEETE

Dieses Modul ist das Herzstück unseres Beispielgartens. Ich habe mich dazu entschieden, für den Gemüseanbau mit Rahmen- und Hochbeeten zu arbeiten. Gerade auf kleinen Flächen ist das die beste Lösung. Zum einen fällt die Ernte in erhöhten Beeten mit gut aufbereiteter Erde bis zu 30 Prozent höher aus als in normalen Gartenbeeten, und eine große Ernte ist ja mein Hauptziel. Zum anderen geben die Beet-Begrenzungen dem Garten eine Struktur. Sie schaffen auf kleiner Fläche einen eigenen Gartenraum, das ist wichtig für meinen Wunsch, einen schönen Garten zu erschaffen.
Ich habe die niedrigen Rahmenbeete mit hohen Hochbeeten kombiniert. Du kannst dich aber auch ausschließlich für das eine oder andere entscheiden. Bei sehr schlechten Bodenverhältnissen fährst du mit Hochbeeten besser. Bei Rahmenbeeten ist sowohl der Material- als auch der Erdeinsatz geringer. Bei mir spielte neben gestalterischen Überlegungen – die unterschiedlichen Höhen bringen Spannung in das Gestaltungskonzept – die Himmelsrichtung eine Rolle. Die hohen Hochbeete stehen an der nördlichen Gartenseite und werfen daher keinen Schatten auf die niedrigen Rahmenbeete.

Das Bohnen-Tipi

Für mich braucht jeder Garten, egal wie groß oder klein er ist, einen Eyecatcher, ein überraschendes Element mit Wow-Effekt. In unserem Beispielgarten ist das ein Tipi, gebaut aus 3 m langen Haselnussstangen. Wir haben

Die preiswerten Palettenrahmen zum Stecken findest du in jedem Baumarkt.

1

2

1. Mit dem Bohnen-Tipi nutzt du die Vertikale, erntest jede Menge Bohnen und schaffst einen Platz zum Spielen.

2. Kein Garten ohne Kräuterbeet! Pflanze die Kräuter, die du am liebsten in der Küche verwendest.

das Glück, dass ein großer Haselnussstrauch hinter unserem Garten wächst, an dem wir uns bedienen können. Du kannst aber auch lange Bambusstangen verwenden. Das Tipi hat einen Durchmesser von ca. 1,50 m und ist damit groß genug, um als Spielhöhle für Kinder oder wie bei uns als Meditationsraum für mich zu dienen. Bepflanzt wird es im ersten Jahr mit Bohnen und durch die Nutzung der Vertikale schenkt es uns eine unglaublich reiche Ernte. Auch unberankt sieht es einfach super aus und kann je nach persönlichem Gestaltungsbedürfnis mit Fähnchen oder Lichterketten geschmückt werden. Alternativ kannst du das Tipi in einen Sitzplatz mit Sichtschutz umwandeln, indem du die Stangen gerade und zum Halbkreis geformt in die Erde steckst. So bekommst du einen offenen Pavillon mit Platz genug für einen kleinen Tisch und zwei Stühle.

DAS KRÄUTERBEET

Ohne Kräuter kann ich nicht kochen. Wenn es dir genauso geht, dann darf ein Kräuterbeet in deinem kleinen Garten nicht fehlen. Die meisten Kräuter mögen Sonne satt, aber es gibt auch ein paar Kräuter, die sich im feuchten Halbschatten wohler fühlen. Mein Kräuterbeet wird teilweise von einem Baum beschattet, daher konnte ich Kräuter mit ganz verschiedenen Bedürfnissen im gleichen Beet unterbringen. Je nachdem, wie die Voraussetzungen in deinem Garten sind, kannst du das Beet auch teilen und ein Beet für sonnenliebende sowie ein Beet für Kräuter, die etwas weniger Sonne benötigen, anlegen.

DIE WILDE ECKE

Optional, aber sehr zu empfehlen, ist eine kleine wilde Ecke. 1 bis 2 m^2 reichen aus. Hier wachsen Pflanzen, die gemeinhin als Unkraut bezeichnet

1

2

3

werden, die aber einen unschätzbaren Wert für dich als Gärtnerin oder Gärtner haben. Dazu gehört der Beinwell, aus dem du wertvollen Dünger gewinnen oder ihn als Mulchmaterial verwenden kannst. Er wird auch von Wildbienen sehr geliebt. Oder die Brennnessel, das meist unterschätzte Kraut überhaupt. Sie hilft dir dabei, Schädlinge in den Griff zu kriegen. Du kannst sie zum Düngen und Mulchen verwenden und essen kannst du sie übrigens auch. Sie gehört zu den ersten Kräutern im Garten, die du im Frühjahr ernten kannst. Ihre Blätter schmecken wunderbar würzig in einer Suppe oder Tarte. Falls du noch nie Brennnesseln gegessen hast, probiere es unbedingt einmal aus. Du darfst dich bei mir persönlich beschweren, sollte es dir nicht schmecken. Du merkst, ich bin wirklich Fan.

DER HAUSBAUM

Kein Garten ohne Hausbaum – jedenfalls nicht, wenn ich ihn plane. Ein Baum ist so bereichernd. Er spendet Schatten, gibt Wohnraum und

1. Beinwell und Brennnesseln – zwei nützliche Kräuter für deine Gartenapotheke

2. Der Baum in unserem Beispielgarten versorgt uns reichlich mit leckeren Birnen.

3. Die schlanken Himbeerruten brauchen wenig Platz und schenken dir viele Früchte.

Nahrung für zahlreiche Nützlinge und, wenn wir ihn weise wählen, versorgt er auch uns mit einer großen Ernte.
In unserem Beispielgarten stand bereits ein Birnbaum, den habe ich einfach in die Planung integriert. Wenn du dich jetzt fragst: „Wie soll ich denn einen Baum in meinem winzigen Garten integrieren? Bäume werden doch riesig!" Lass dich beruhigen, es gibt wirklich für jede Gartengröße den passenden Baum. Auf den Seiten 75 bis 78 stelle ich verschiedene Obstbäume vor. Da ist bestimmt auch der richtige Baum für deinen Garten dabei.

DIE OBSTSTRÄUCHER

Wenn du auf kleinem Raum viele Früchte ernten willst ist, sind Obststräucher ein Must-have. In unserem Beispielgarten versorgen sie uns nicht nur mit Obst, sie wirken gleichzeitig als Gestaltungselemente. Johannisbeer-Hochstämmchen rahmen den Garteneingang ein und betonen ihn so. Ein Rahmenbeet gefüllt mit Heidelbeeren wiederholt die Struktur der Gemüsebeete – Wiederholungen bringen Ruhe in die Gestaltung, das ist gerade bei kleinen Flächen wichtig. Himbeeren können den Garten als sommergrüne Hecke begrenzen und dich von Juli bis Oktober mit Früchten versorgen.

DAS STAUDENBEET

Ich ernte wirklich gerne, aber ich halte mich auch gerne in meinem Garten auf. In einem reinen Nutzgarten, in dem sich Beet an Beet reiht, füllt sich zwar mein Erntekorb, aber mein Be-

Blumen, Gemüse und Beeren in einem Beet? Das geht, sehr gut sogar!

1

2

dürfnis nach Blumen, Farben und Formen, nach Genuss und Entspannung kommt dabei ein bisschen zu kurz. Deshalb liegt mir dieses Modul besonders am Herzen. Ich habe mich bewusst für Stauden, deren Blüten und teilweise auch Blätter essbar sind, entschieden und zudem noch verschiedene Gemüsepflanzen und Obst in dem Beet untergebracht. Absoluter Bonuspunkt: Wildbienen, Schmetterlinge und Insekten lieben die Blumen im Staudenbeet ebenfalls und bestäuben so ganz nebenbei unser Gemüse. Win-win in seiner schönsten Form.

EINJÄHRIGE SOMMERBLUMEN

Gerade in deinem ersten Gartenjahr sind einjährige Sommerblumen ein Game-Changer. Du kaufst ein Tütchen mit Saatgut für ein paar Euro, streust sie in deinem Garten aus und wenige Wochen später hast du ein mehrere Quadratmeter großes Blütenmeer. Ok, ein paar Dinge musst du dabei schon beachten: das richtige Saatgut kaufen, den Boden entsprechend vorbereiten, zum richtigen Zeitpunkt säen. Aber das lernst du ja alles in diesem Buch. Einjährige lassen sich auch gut vorziehen. Ich fülle damit gerne Lücken im Beet, das ist so viel preiswerter als der Kauf fertiger Pflanzen im Gartencenter. Mit etwas Glück säen sich die Einjährigen selbst aus und sorgen so im nächsten Jahr für neue Gartenbilder. Pflanzen, die sich ihren Platz selbst ausgesucht haben, sind besonders gesund und kräftig. Ich lasse mich gerne von Einjährigen bei der Gartengestaltung unterstützen. Ach ja, bei Wildbienen, Schmetterlingen und Insekten sind sie auch ausgesprochen beliebt und natürlich kannst du dir davon Sträuße für die Vase schneiden.

DER ESSBARE ZAUN

Wenn du in deinem kleinen Garten eine große Ernte einfahren willst, musst du alle Räume klug nutzen. Dazu gehört auch die Grundstücksbegrenzung. Meist besteht sie aus einem Zaun kombiniert mit einer Hecke oder einem Sichtschutz. Wie du deine Hecke essbar machen kannst, habe ich im Modul „Gartengrenzen“ ab Seite 111 angesprochen. Aber auch der Zaun selbst lässt sich gut nutzen und mit essbaren Pflanzen, wie zum Beispiel der Mexikanischen Minigurke, beranken. Wenn du einen Sichtschutz brauchst, kommen Obstspaliere, die gibt es in verschiedenen Höhen, oder ein dornenloses Brombeerspalier infrage. Der Vorteil liegt auf der Hand – du nutzt die Vertikale

3

4

und vergrößerst so deine Ernte, ohne Platz zu verschenken. Der Nachteil besteht darin, dass du so keinen dauerhaften Sichtschutz schaffen kannst. Aber brauchst du außerhalb der Zeit, in der du dich oft im Garten aufhältst, wirklich einen dauerhaften Sichtschutz? Zumindest auf der Nordseite deines Grundstücks ist das möglich. Dort würde ein dauerhafter Sichtschutz keinen Schatten werfen und du könntest ein wärmeliebendes Obstspalier davor pflanzen.

1. Orlayas säen sich gerne selbst aus. Insekten lieben sie und ich auch.
2. Mit Marokkanischem Leinkraut kannst du gut Lücken im Staudenbeet füllen.
3. Warum nicht mal ein essbarer Sichtschutz aus Flaschenkürbissen?
4. Nutze den Platz unter den Gemüsepflanzen im Topf auf der Terrasse für den Anbau von Kräutern!

DIE TERRASSE

Wahrscheinlich gehört zu deinem kleinen Garten auch eine Terrasse. Lass den Platz dort nicht ungenutzt. Viele Gemüsesorten wachsen sehr gut in Töpfen, einige sogar besser als im Erdboden. Wenn du schöne Gefäße und vielleicht noch besonders attraktive Gemüsesorten wählst, macht dein Terrassengarten auch optisch sehr viel her. Wichtig ist nur, dass die Töpfe groß genug sind und dass sie regelmäßig mit Wasser und Nährstoffen versorgt werden. Terrassen sind meist nach Süden oder Westen ausgerichtet und bekommen viel Sonne ab. Die Terrassenplatten und die Hauswand speichern Wärme, Windschutz ist in der Regel ebenfalls gegeben. Perfekte Bedingungen also für wärmeliebende Pflanzen wie Auberginen, Paprika und Tomaten. Letztere freuen sich besonders über ein Dach überm Kopf, das sie im normalen Beet nicht haben.

Ein weiterer Pluspunkt: Du musst für die Ernte nicht erst durch den ganzen Garten laufen. Deshalb unterpflanze ich die Terrassentöpfe gern mit Kräutern, die ich dann mal eben schnell beim Kochen ernten kann.

SICHTACHSEN UND GERADE LINIEN

In unserem Beispielgarten verlaufen die Linien eher organisch. Falls du mehr auf gerade Linien und Sichtachsen stehst, schau dir doch einmal diesen Gestaltungsvorschlag an. Gartenmittelpunkt und Eyecatcher ist hier eine Kräuterspirale. Informationen dazu, wie du sie anlegst, findest du auf Seite 66/67. Sie wird rechts und links symmetrisch von Staudenbeeten eingerahmt. Die Gemüsebeete sind direkt bei der Terrasse. Das ist super, weil du so kurze Wege hast, wenn du Gemüse ernten willst. Der Hausbaum steht im hinteren Gartenteil, an den Gartengrenzen wachsen Obststräucher und den Bereich um den Baum herum haben wir in diesem Beispiel mit Rasen eingesät. Du kannst ihn als Spielfläche oder für einen zusätzlichen Sitzplatz nutzen.

HIER GEHT'S RUND

Ich liebe Kreise und falls es dir genauso geht, ist dieser Gestaltungsvorschlag vielleicht der richtige für dich. Hier wächst selbst das Gemüse in runden Hochbeeten, nur die Heidelbeeren haben ein rechteckiges Beet bekommen. Das lässt sich einfach leichter anlegen. Eyecatcher und Seele des Gartens ist bei diesem Vorschlag der große, runde Grillplatz. Er wird eingerahmt von Obststräuchern, als Sitzmöglichkeit dienen große Baumstämme, die du aufstellen oder auch längs hinlegen kannst. Die ganze Fläche ist mit Sand bedeckt, gegrillt wird in einer feuerfesten Grillschale. Du kannst diese Fläche auch in einen großen Sandkasten umwandeln, falls deine Kinder noch im passenden Alter sind. Im Bereich zwischen den Beeten wächst Rasen. Da die Rasenfläche insgesamt recht klein ist, kannst du die Wege gut mit einem Fadenschneider mähen.

Wie geht es weiter?

Du kannst dich an den beschriebenen Modulen frei bedienen. Sie entweder alle in deinen Garten integrieren oder auch nur einzelne davon auswählen.

DEIN GARTEN – DEINE WAHL

Du brauchst keinen Spielbereich? Lass ihn weg oder wandle ihn in einen Sitzplatz um. Dein Garten ist größer oder kleiner als unser Beispielgarten? Passe die Größe der Module entsprechend an deine Bedingungen an. Das Staudenbeet stört den Bewegungsdrang deiner kleinen Kinder? Lass auf der Fläche erstmal Rasen wachsen. Später, wenn die Kinder größer sind, kannst du die Fläche immer noch umwandeln. Du willst lieber mehr Gemüsebeete und kannst auf Blumen gut verzichten? Gib dem Modul „Gemüsebeete" einfach mehr Raum und stelle mehr Beete auf. Das geht natürlich auch umgekehrt.

SCHRITT FÜR SCHRITT

Du musst nicht alle Module zur gleichen Zeit umsetzen. Je nach Lust, Laune und verfügbaren Ressourcen (sowohl finanziell als auch in Bezug auf Manpower), fängst du mit dem Modul an, das dir am meisten am Herzen liegt. Aber auch alles gleichzeitig ist machbar. So haben wir das gemacht. War schon ein Stück Arbeit im Frühjahr. Von Februar bis Mai waren wir gut beschäftigt, aber dafür wurden wir auch schon nach wenigen Wochen reich belohnt. Es ist wirklich ein unbezahlbares Gefühl, wenn sich eine leere Fläche vor deinen Augen und durch deine Hände in einen richtigen Garten verwandelt.

Bevor du aber draußen loslegst, nimm dir deinen maßstäblichen Plan zur Hand und zeichne dort alle Module, für die du dich entschieden hast, ein. Teste verschiedene Optionen und schiebe so lange hin und her, bis du wirklich zufrieden bist. Ein ganz wichtiger Tipp: Gemüse braucht Sonne. Sieh also für deine Gemüsebeete den sonnigsten Bereich im Garten vor. Gleichzeitig ist es eine gute Idee, wenn Gemüse und Kräuter nahe am Haus wachsen, dann hast du kurze Wege von der Küche zur Ernte. Falls du dich für eine von beiden Positionen entscheiden musst, nimm aber auf jeden Fall die Sonne.

Und noch ein wichtiger Tipp: Du kannst alles nochmal ändern und anpassen, wenn du die Beete im Garten absteckst. Nichts ist in Stein gemeißelt, am Ende muss es sich für dich gut anfühlen.

WELCHE MODULE WÄHLST DU AUS?

Kräuterbeet, Bohnen-Tipi, einjährige Sommerblumen oder Hausbaum, alles kann, nichts muss.

Es führt kein Weg nach Nirgendwo!

Jetzt habe ich die ganze Zeit über Beete gesprochen, aber wie kommst du von Beet zu Beet? Ganz klar, dafür brauchst du Wege. Durch eine kluge Wegeführung wird aus deinen Beeten erst ein Garten. Wege verbinden die Module zu einem großen Ganzen.

WEGEFÜHRUNG IST WICHTIG

Wege machen den Garten erlebbar, im wörtlichen Sinn begehbar, denn praktisch betrachtet, musst du ja an alle Beete gut rankommen, um deine Ernte einzufahren.

Ich sehe leider immer wieder Wege, die ins Nirgendwo führen. Wegekreuze, die am Zaun des Nachbargartens enden zum Beispiel. Wenn du dich genau dort immer zum Schwätzchen mit deinen Nachbarn triffst, ist das wunderbar. Wenn nicht, lass es bitte sein. Wege ohne Ziel sind sinnlos und einer harmonischen Gestaltung deines Gartens nicht zuträglich.

Nimm dir Zeit zum Festlegen der Wegeführung. Das ist wirklich keine ganz einfache Aufgabe. Ich habe mich im Beispielgarten für organisch geschwungene Wege entschieden. Ich schlendere gerne und ich mag Rundungen. Wenn dir die Kurven auf dem Papier oder im Computer nicht so perfekt gelingen, nicht verzweifeln. Später im Garten legst du einen Schlauch oder eine Schnur aus, damit kannst du den Schwung so lange korrigieren, bis er harmonisch ist. Sanfte Kurven sind auf jeden Fall angenehmer fürs Auge als scharfe Wendungen und auch einfacher für die Füße.

Du magst es lieber etwas gerader und klassischer? Kein Problem, das ist einzig und allein Geschmackssache. Einfacher zu bauen sind gerade Wege allemal, und auf Seite 26/27 findest du ein Beispiel mit einer strengeren Wegeführung.

WIE BREIT SOLLEN DIE WEGE SEIN?

Mach deine Hauptwege nicht zu schmal. Je nach Belag musst du mit dem Rasenmäher oder der Schubkarre durchkommen. Auf jeden Fall willst du ja bequem darauf gehen können. Andererseits willst du auch nicht zu viel Fläche an Wege verlieren, auf Wegen wächst schließlich kein Gemüse. Für mich sind 70 bis 80 cm eine gute Breite, die Wege zwischen den Hoch- und Rahmenbeeten können auch schmäler sein. Im Beispielgarten sind sie 50 cm breit.

WEGE UND BEETE ABGRENZEN

In unserem Beispielgarten haben wir die Beete mit Stahlkanten eingefasst. Die Kanten gibt es im Baumarkt in verschiedenen Höhen zu kaufen. Für uns haben die 13 cm hohen Kanten gut funktio-

1

2

3

1. Die Wege verbinden die Module miteinander. Im Staudenbeet helfen Steinplatten, die Beetmitte zu erreichen.

2. Teste die Wegeführung mit Seilen oder einem Gartenschlauch, bis sie dir gefällt.

3. Schmaler als 50 cm sollten deine Wege nicht sein.

niert. Je höher die Kanten sind, desto schwieriger ist es, sie korrekt zu setzen. Sollte dein Gelände allerdings ein Gefälle aufweisen, kannst du es mit höheren Kanten, zum Beispiel 20 cm, etwas ausgleichen.
Beim Kauf sind die Stahlkanten übrigens noch blank, aber nach wenigen Wochen bekommen sie eine schöne Rostpatina und fügen sich perfekt in das Gartenbild ein. Sie sind recht einfach zu verlegen, wenn du ein paar Dinge beachtest (siehe S. 34). Die Länge berechnest du am besten über das Seil, das du ausgelegt hast, plus ein bis zwei Kanten für Verschnitt.

Die Rahmen- und Hochbeete musst du nicht mit **Kanten** abgrenzen. Setze sie also am besten zuerst. Das gilt auch für die Heidelbeerbeete (siehe S. 81), falls du dieses Modul in deinen Garten aufnehmen willst.

BEETKANTEN SETZEN

Der Tag, an dem ich die Kanten gesetzt habe, war ganz schön kalt. Aber das ist nicht der einzige Grund, warum ich Handschuhe trage. Die Kanten haben eine scharfe Seite und mit Handschuhen kann ich sie anfassen, ohne Angst haben zu müssen, mich dabei zu verletzen.

1. Die Form der Beete mit Seilen oder einem Gartenschlauch festlegen. So lange korrigieren, bis du wirklich mit dem Kurvenverlauf zufrieden bist.

2. Mit einem Spaten entlang des Seils die Erde abstechen. Darauf achten, dass der Spaten ganz gerade in die Erde eingebracht wird. Am besten die gleiche Strecke noch einmal mit umgedrehtem Spatenblatt abstechen.

3. Die Metallkanten vorformen, das klappt gut, wenn man sie sanft über dem Bauch biegt. Kanten in die vorgelockerte Erde setzen und gleichmäßig tief eindrücken. Sie sollten etwa 5 bis 8 cm aus der Erde schauen.

4. Die einzelnen Kanten werden über eine vorgestanzte Metallnase miteinander verbunden. Keine Sorge, wenn die Verbindungsstelle etwas hakelig aussieht, das fällt, sobald die Kanten rostig sind, nicht mehr auf.

1

2

3

1. Durch unseren duftenden Blumengarten führt ein Weg aus Steinplatten und Sand.

2. Die Kombination aus Holzhäckseln und Holzscheiben sieht super natürlich aus.

3. Rasenwege müssen mindestens so breit sein, dass du mit dem Rasenmäher durchkommst.

WEGEBELAG AUSSUCHEN

Wie willst du deine Wege gestalten? Vom professionellen Steinplattenweg mit frostfreiem Unterbau bis zum preiswerten und schnell gemachten Weg mit Holzhäckselbelag ist alles drin. Alleine dein Geschmack und vielleicht auch dein Geldbeutel entscheiden.

Wir haben uns im Beispielgarten ganz pragmatisch für Holzhäcksel entschieden. Ich mag die natürliche Anmutung des Materials. Es ist preiswert und sehr einfach aufzubringen. Da bei uns die Ackerwinde ihr Unwesen treibt, haben wir zunächst ein wasserdurchlässiges Unkrautvlies ausgelegt und dann eine ca. 5 cm dicke Schicht Holzhäcksel aufgebracht. Das Vlies kannst du auch weglassen. Die Häcksel verrotten mit der Zeit, regen dabei das Bodenleben an, müssen aber von Zeit zu Zeit aufgefüllt werden.

Schau mal, hier haben wir ein paar Beispiele von anderen Wegen in unserem Schrebergarten, damit du eine Vorstellung davon bekommst, wie andere Materialien aussehen.

Wovon ich dir abraten möchte ...

... sind betonierte Wege. Je weniger Fläche in deinem Garten versiegelt ist, desto besser ist das für die Bodenlebewesen und den Wasserhaushalt im Boden.

Gartengrenzen

Wahrscheinlich ist dein Grundstück bereits eingezäunt. Schau dir die Begrenzung mal auf Erntetauglichkeit an. Um deine Ernte zu maximieren, solltest unbedingt auch vertikale Flächen – und dazu gehört die Gartenbegrenzung – miteinbeziehen.

ZÄUNE

Lässt sich der vorhandene Zaun beranken? Lässt er genügend Licht durch? Falls du ihn nicht selbst ausgesucht hast, gefällt er dir überhaupt? Am häufigsten vertreten ist sicher der grünummantelte Maschendrahtzaun. Praktisch, preiswert, aber optisch ist da noch Luft nach oben. Wobei das natürlich Geschmackssache ist und er lässt sich auf jeden Fall einfach begrünen.

Wir haben unseren Beispielgarten mit einem Staketenzaun eingezäunt. Staketenzäune gibt es in verschiedenen Höhen – unserer ist 60 cm hoch – aus verschiedenen Hölzern und mit unterschiedlichen Abständen zwischen den einzelnen Staketenelementen. Wenn du länger etwas von dem Zaun haben willst, nimm einen Zaun aus Hartholz wie Kastanie, Lärche oder Robinie. Den Zaun zu setzen, ist kein Hexenwerk – wenn wir das geschafft haben, schaffst du das auch. Falls dein Garten mit einem Maschendrahtzaun eingezäunt ist, kannst du den Staketenzaun auch einfach mit Drahtbindern daran befestigen. Sieht nicht ganz so perfekt aus, wie ohne Maschendraht, dafür ist es sehr einfach und trotzdem wirkungsvoll.

SICHTSCHUTZWÄNDE

Gibt es Sichtschutzelemente, die Schatten auf deine begrenzte Fläche werfen? Die solltest du, wenn möglich, entfernen und durch einen essbaren Sichtschutz ersetzen. Im Hinblick auf die Ernte solltest du einen lichtundurchlässigen Sichtschutz höchsten an der Nordseite deines Grundstücks anbringen (siehe S. 25). Allerdings ist deine Nordseite die Südseite deiner Nachbarn, da ist also unbedingt eine Absprache notwendig.

HECKEN

Oft werden Gärten von Hecken begrenzt. Bei ausreichend Platz, kein Problem. Aber in einem kleinen Garten verlierst du durch eine Hecke viel Raum, auf dem du ansonsten etwas Essbares anbauen könntest. Außerdem wirft so eine Hecke natürlich Schatten, je nachdem, wie hoch sie ist und in welcher Himmelsrichtung sie deinen Garten begrenzt, sogar ziemlich viel Schatten. Überlege dir also, ob du die Hecke in der vorhandenen Form unbedingt behalten willst. Auf den Seiten 110 bis 115 findest du ein paar Ideen für die Anlage von essbaren Hecken.

Achte beim **Setzen des Zauns** darauf, dass die Holzlatten nicht auf der Erde aufsitzen. Je weniger Kontakt die Latten mit feuchtem Boden haben, desto länger halten sie.

1

1. Es ist wirklich nicht schwer, einen Staketenzaun zu setzen. Zu zweit waren wir an einem halben Tag damit fertig.

2. Noch einfacher ist es, den Staketenzaun an einem vorhandenen Maschendrahtzaun zu befestigen.

3. So eine Rolle mit Zaunlatten hat ganz schön Gewicht, lässt sich zu zweit aber schon noch bewegen.

2

3

JETZT WIRD ES KONKRET: GEMÜSEBEETE

FIRST THINGS FIRST

Wir haben in unserem Beispielgarten zuerst die Gemüsebeete aufgestellt und gefüllt. Je früher du säst, desto früher kannst du auch ernten.

Die Beete Mitte Juni

Die Gemüsebeete

Der Gemüsegarten ist das Herzstück unseres Beispielgartens, hier wächst der überwiegende Teil der Gemüsesorten, die später auf unserem bzw. auf deinem Teller landen.

GROSSE ERNTE GARANTIERT

Ich habe mich hier für zwei Hochbeete und zwei Rahmenbeete aus Palettenrahmen entschieden. Auf begrenztem Raum sind erhöhte Beete einfach eine gute Wahl, weil die Ernte darin um bis zu 30 Prozent höher ausfällt als in normalen erdnahen Beeten. Die Beete sind jeweils 1,20 m lang und 80 cm breit. Die Rahmen dazu gibt es in jedem Baumarkt zu kaufen. Sie werden einfach in- und aufeinandergesteckt.
Du kannst natürlich auch einen etwas größeren klassischen Hochbeet-Bausatz verwenden, wenn dein Platz ausreicht, oder die Beete komplett selbst bauen. Lass beim Setzen der Beete mindestens 50 cm Abstand dazwischen, damit du sie bequem bearbeiten und beernten kannst.

HOCHBEETE FÜLLEN

Beginne mit dem Füllen der Hochbeete so bald wie möglich. Die Füllung braucht Zeit, um sich zu setzen, damit dein Gemüse später nicht im Untergeschoss mit zu wenig Licht wachsen muss.
Die ideale Zeit zum Füllen eines Hochbeetes ist der Herbst. Im Frühling wird dann die zusammengesackte Erde aufgefüllt. Wenn du deine Beete erst im Frühjahr füllen kannst, warte auf jeden Fall zwei Wochen, bevor du die Beete bepflanzt und fülle sie vorher nochmal bis zum Rand auf. Das Absacken der Erde im Hochbeet ist normal, das Füllmaterial kompostiert langsam und verliert dabei an Volumen. Dadurch wird dein Gemüse aber auch mit extra Wärme und Nährstoffen versorgt – ein Grund, warum es im Hochbeet so gut wächst.

RAHMENBEETE FÜLLEN

Für die Füllung der Rahmenbeete haben wir uns über Kleinanzeigen kostenlosen abgelagerten Pferdemist besorgt und ein Beet mit einer ca. 10 cm dicken Schicht gefüllt. Darauf kam dann eine ca. 10 cm hohe Abdeckung aus torffreier Erde.
Das andere Beet wird mit Kartoffeln bepflanzt und die vertragen, genau wie Möhren oder Zwiebeln, keinen Mist. Deshalb wurde dieses Beet mit dem Erdaushub der Heidelbeerbeete (siehe S. 82) gefüllt. Später, wenn die Kartoffeln angehäufelt werden, bekommt es auch eine Abdeckung aus torffreier Erde.

GÄRTNERN IM QUADRAT

Eines der beiden Hochbeete habe ich in sechs Quadrate unterteilt, die ich unterschiedlich bepflanze. Auf die Art bekomme ich mehr Gemüse-

HOCHBEETE FÜLLEN – SCHRITT FÜR SCHRITT

Das brauchst du für die Füllung der beiden Hochbeete:
- einen großen Haufen grobe Äste und Heckenschnitt, alternativ Holzhäcksel aus dem Gartencenter
- 1 m^3 groben Kompost, Grünschnitt oder Rasensoden
- 0,5 m^3 feinen Kompost
- 7 bis 10 70-Liter-Säcke torffreie Blumenerde

1. Zuerst füllst du den groben Ast- und Heckenschnitt rein. Das Hochbeet kann ruhig zu einem Drittel voll werden. Hüpf zwischendurch immer mal wieder im Beet herum, damit sich die Schicht etwas verdichtet. Dann sackt die Erde in deinem Hochbeet später nicht so sehr ein.

2. Die nächste Schicht besteht aus grobem Kompost, Grünschnitt oder Rasensoden. Nimm einfach alles, was du hast. Einzige Einschränkung: Hartnäckige Wurzelunkräuter sollten lieber draußen bleiben. Auch diese Schicht solltest du durch Hüpfen etwas verdichten. Dein Hochbeet ist jetzt zu gut zwei Dritteln gefüllt.

3. Jetzt kommt feiner Kompost oben auf. Wenn du keinen eigenen Kompost hast, frag mal bei deinen Stadtwerken nach. Dort gibt es oft Kompost aus städtischer Produktion günstig zu kaufen. Aber auch im Gartencenter kannst du feinen Kompost in Säcken kaufen. Fülle dein Hochbeet bis zum Rand damit auf.

4. Die Hochbeete sind voll und du fragst dich, wo die torffreie Blumenerde noch hinsoll? Warte ein bis zwei Wochen ab, die Hochbeet-Füllung wird sich in der Zeit so weit setzen, dass du ohne Probleme die sieben bis zehn Säcke in den beiden Beeten verteilen und sie damit bis zum Rand füllen kannst.

16 Möhren	**25 Radies-chen**	**16 Asia-Salat**
16 Zwiebeln		

Im März

Möhren	Radies-chen	Asia-Salat
Zwiebeln	**9 Rote Bete**	**2 Fenchel**

Im April

Das ist schon im Beet.

Das kommt jetzt ins Beet.

Möhren	**4 Mini-Pak Choi + 1 Paprika**	**4 Tatsoi + 1 Auber-gine**
Zwiebeln	Rote Bete	Fenchel

Mitte Mai

2 Chinakohl	Mini-Pak Choi + Paprika	Tatsoi + Aubergine
2 Chinakohl	Rote Bete	Fenchel

Im Juli

Chinakohl	Mini-Pak Choi + Paprika	Tatsoi + Aubergine
Chinakohl	**16 Möhren**	**2 Brokkoli**

Im August

Chinakohl	**9 Spinat**	**9 Spinat**
Chinakohl	Möhren	Brokkoli

Im September

sorten in dem recht kleinen Beet unter, als wenn ich klassisch in Reihen pflanzen würde. Sobald ein Quadrat abgeerntet ist, wird es wieder neu bepflanzt. Die Gemüsemenge pro Quadrat lässt sich auch leicht verarbeiten und ich habe nie zu viel vom gleichen Gemüse.

Möhren vorkeimen

Möhren keimen sehr langsam und die Saat trocknet im Beet leicht aus. Du kannst das ändern, indem du die Samen vorkeimst. Dazu brauchst du etwas feuchten Sand, ein Glas und Möhren-Saatgut. Fülle 2 bis 3 EL feuchten Sand und 1 TL Möhren-Saatgut in das Glas, verschließe es und stelle es für drei bis vier Tage an einen warmen hellen Ort. Du kannst das Glas ab und zu vorsichtig schütteln. Möhren sind Lichtkeimer und so bekommen alle Samen Licht ab. Sobald du feine Keime siehst, muss die Mischung in die Erde.

Markiere die Quadrate mit Bambusstäben!

1

2

3

1. Aussaaten immer gut mit einer sanften Brause angießen.

2. Möhren und Zwiebeln sind gute Partner, sie halten sich gegenseitig die Möhren- bzw. Zwiebelfliege von den Blättern fern.

3. Unter einer Drahthaube wächst dein Gemüse gut geschützt aus dem Babyalter heraus.

Verteile die Sand-Saatgut-Mischung vorsichtig in den Saatrillen, gieße gut an und decke das Quadrat die ersten beiden Tage mit Pappe ab. Dann muss die Pappe runter und wenn alles geklappt hat, zeigen sich in den nächsten Tagen bereits die Möhren-Keimlinge.

Zwiebeln stecken

Steckzwiebeln gibt es leider nur in größeren Mengen zu kaufen. In ein Beet-Quadrat passen aber nur 16 Stück. Tu dich daher am besten mit jemandem zusammen, alternativ kannst du die restlichen Zwiebeln auch im Kräuterbeet zwischen den Salat stecken. Sie werden nur so weit in die Erde gesteckt, dass die Oberseite noch rausschaut. Falls Vögel in den ersten Tagen die Zwiebelchen wieder rausrupfen, steck sie einfach wieder rein. Sobald sie eingewurzelt sind, wird das nicht mehr passieren.

Radieschen säen mit dem Dibbelbret

Wenn du schöne große Radieschen ernten möchtest, musst du sie im richtigen Abstand säen. Super einfach geht das mit einem Dibbelbrett. Das musst du einfach nur auf die Erde pressen und danach in jedes Loch ein Samenkorn fallen lassen.

Schutz vor scharrenden Vögeln

Wenn Vögel bei dir im Garten ein Problem sind, schütze dein Beet mit einer Haube aus Hasendraht. Dazu einfach drei Federstahlstäbe in das Beet stecken, Hasendraht auf einer Beet-Seite mit Drahtbindern befestigen. Die andere Seite klemmst du einfach an der Beet-Wand fest. Zum Arbeiten kannst du den Hasendraht dann einfach hochrollen. Wenn das Beet gut bewachsen ist, kannst du die Drahthaube wieder entfernen.

DIBBELBRETT – SO KANNST DU ES SELBST BAUEN

Du brauchst:
Ein ca. 30 x 30 cm großes Holzbrett, Bleistift, Bohrmaschine und 25 Holzdübel mit 5 mm Durchmesser und einen Griff plus die passenden Schrauben zur Befestigung.

1. Zeichne ein Gitternetz im Abstand von 5 cm auf das Brett. Das ist der perfekte Abstand für die Aussaat von Radieschen und Möhren und spart dir das spätere Vereinzeln der Keimlinge.

2. An den Kreuzungspunkten bohrst du jeweils ein Loch, aber nur so tief, dass die Dübel später 1 cm herausschauen. Mach dir dazu mit Klebeband eine Markierung an deinem Bohrer.

3. Dann steckst du die Dübel in die Löcher. Einmal kurz mit dem Hammer draufschlagen, damit sie richtig fest sitzen.

4. Gleich bist du fertig, du musst nur noch auf der anderen Seite des Dibbelbretts den Griff anbringen.

5. Einfach das Dibbelbrett auf die Erde pressen – schon hast du Löcher im gleichmäßigen Abstand.

1

2

1. Wurzelgemüse wie Möhren säe ich direkt ins Beet.

2. Die Mini-Gewächshäuschen sind wirklich gut für die Aussaat von kleinen Mengen geeignet.

3. Sobald die Pflanzen die ersten richtigen Blätter haben, dürfen sie ins Beet umziehen.

4. Gute Alternative: Jungpflanzen vom Biogärtner in Erdwürfeln

Vorziehen, Direktsaat oder Jungpflanzen kaufen

Rote Bete, Tatsoi, Pak Choi und Fenchel kannst du entweder selbst vorziehen oder als Jungpflanzen kaufen. Zum Vorziehen brauchst du einen hellen Ort und eine Temperatur von ca. 18 bis 20 Grad. Ein Südfenster ohne Heizung direkt darunter wäre perfekt. Ich finde dafür Mini-Gewächshäuschen mit zwölf Pflanzmulden sehr praktisch. Bitte nimm für jede Sorte ein eigenes Gewächshaus. Die Keimlinge entwickeln sich unterschiedlich schnell und sie werden unterschiedlich groß, da ist es besser, sie zu trennen. Mit dem Vorziehen beginnst du im März. Sobald die Pflänzchen erste richtige Blätter bekommen, kannst du sie ins Beet pflanzen. Im Prinzip kannst du die Gemüsesorten auch alle im April direkt säen. Ich habe damit aber nicht unbedingt gute Erfahrungen gemacht. Wenn ein Saatkorn nicht aufgeht, hast du keinen Ersatz. Deshalb ist mir die Aussaat in den Mini-Gewächshäuschen lieber. Wenn dir der passende Platz oder die Zeit fehlt, kannst du aber auch einfach Jungpflanzen kaufen. Wir haben das Glück, dass es eine Bio-Gärtnerei in unserer Nähre gibt. Dort bekommen wir die Jungpflanzen in Erdwürfeln, ohne Plastik und in der Menge, in der wir sie brauchen.

Grabe einen leeren Topf in passender Größe in den entsprechenden Quadraten ein. Rundherum kannst du jetzt

3

Erdwürfel – ganz ohne Plastik

4

Tatsoi und Pak Choi pflanzen. Wenn die frostempfindlichen Pflanzen ins Beet dürfen, nimmst du den Topf einfach heraus, lockerst die Erde noch ein wenig und pflanzt deine Paprika oder Aubergine hinein, ohne die darumstehenden Pflanzen zu stören.

Frostempfindliche Pflanzen

Tomaten, Paprika und Auberginen vertragen keinen Frost. Sie dürfen daher erst nach den Eisheiligen Mitte Mai ins Beet. Gib beim Pflanzen etwas organischen Biodünger mit ins Pflanzloch und arbeite ihn so unter, dass die Wurzeln der Pflanzen nicht direkt darauf stehen. Denke auch an einen Stützstab, die Pflanzen werden hoch und sie tragen schwere Früchte.

Keine leeren Quadrate

Sobald du ein Quadrat abgeerntet hast, füllst du es wieder mit Gemüse. Lockere die Erde in den leeren Quadraten etwas auf und entferne Wurzelreste. Im Juli kannst du zwei Quadrate mit Chinakohl bepflanzen. Im August hast du Platz für Brokkoli und eine zweite Ladung Möhren.
Im September kannst du die leeren Quadrate dann mit Spinat einsäen. Davon kannst du den ganzen Winter durch ernten. Am besten säst du auch welchen in Töpfe und pflanzt ihn, sobald noch mehr Quadrate freiwerden, auch ins Beet. Er bedeckt und schützt die Erde in deinem Beet und versorgt dich zudem mit leckeren Vitaminen.

Pflanzen kaufen und tauschen

Ich liebe Pflanzenmärkte. Dort finde ich immer besondere Sorten und außerdem macht es einfach Lust auf die kommende Saison, sich mit anderen auszutauschen. Pflanzentauschmärkte sind eine super Gelegenheit, um überzählige Jungpflanzen gegen andere Sorten zu tauschen.

1

2

INTERMITTED PLANTING

Im zweiten Hochbeet habe ich eine neue Methode ausprobiert. Sie nennt sich Intermitted Planting, was am Ende nichts anderes heißt, als verschiedene Gemüsesorten miteinander oder durcheinander zu pflanzen, um den vorhandenen Platz so gut wie möglich auszunutzen. Schmale Gemüsesorten mit wenig Platzbedarf können sich in Lücken zwängen. Alles, was rankt, wird an den Rand gepflanzt, wo es überhängen kann, das ist so in etwa das Prinzip.
In der Beetmitte habe ich Anfang Mai abwechselnd und ein bisschen im Zickzack vier Kohlrabi und drei Sprossenbrokkoli gepflanzt. In den Ecken war Platz für jeweils einen Mangold und an den beiden Längsseiten habe ich eine Reihe Buschbohnen gelegt. Sie sollen später über den Beetrand nach unten hängen.
Kohlrabi und Sprossenbrokkoli kannst du nach und nach bis Anfang Juli ernten. Sieben Lauch und drei Stangensellerie nehmen ihren Platz ein. Vom Mangold erntest du immer die äußeren Blätter. Er bleibt bis in den Winter hinein stehen.
Die Bohnen musst du immer gut durchpflücken, dann kommen eine ganze Weile neue Bohnen nach. Wenn sie keine Blüten mehr produzieren, kannst du die Pflanzen abschneiden. Lass die Wurzeln in der Erde, sie haben mit ihren Knöllchenbakterien Stickstoff gesammelt, der jetzt den anderen Pflanzen zugutekommt. Den freien Randbereich kannst du dann mit Spinat einsäen.

1. Die ersten Kohlrabi werden klein geerntet, damit der Rest mehr Platz zum Wachsen hat.

2. Sprossenbrokkoli kann dauernd beerntet werden.

3. Die Buschbohnen hängen über den Rand und brauchen so wenig Platz.

3

PFLANZPLAN INTERMITTED PLANTING

1 Mangold	**4 Buschbohnen**	**1 Mangold**
	4 Kohlrabi + 3 Sprossenbrokkoli versetzt	
1 Mangold	**4 Buschbohnen**	**1 Mangold**

Im Mai

Mangold

Das ist schon im Beet.

Das kommt jetzt ins Beet.

Mangold	Buschbohnen	Mangold
	7 Lauch + 3 Stangensellerie versetzt	
Mangold	Buschbohnen	Mangold

Im Juli

Stangensellerie

Mangold	**8 Spinat**	Mangold
	Lauch + Stangensellerie versetzt	
Mangold	**8 Spinat**	Mangold

Im September

Spinat

1

2

3

DAS KARTOFFELBEET

Eines der Rahmenbeete habe ich mit Kartoffeln bepflanzt. Natürlich reicht die Fläche nicht aus, um sich mit Kartoffeln selbst zu versorgen. Dafür müsstest du die ganzen 40 m² in einen Kartoffelacker verwandeln. Aber es geht nichts über Kartoffeln aus eigener Ernte, auch wenn sie nur für ein paar Mahlzeiten reichen.

Ich habe mich für 'Glorietta' entschieden, eine sehr frühe aromatische, festkochende Kartoffelsorte mit sicherem Ertrag, perfekt für Pellkartoffeln und Kartoffelsalat. In unserem Beet ist Platz für acht Pflanzkartoffeln.

Ziehe dafür zwei tiefe Rillen und lege die Kartoffeln hinein. Bestäube sie mit Urgesteinsmehl, das schützt deine Knollen vor Pilz- und Schädlingsbefall. Schiebe Erde über die Kartoffeln und gieße sie an. Wenn es nicht regelmäßig regnet, musst du sie auch weiterhin von Zeit zu Zeit gießen.

Sobald sich die ersten Blätter zeigen, häufelst du die Kartoffeln an. Das heißt, du bedeckst die Blätter wieder mit Erde. Je nachdem, wie voll dein

4

5

1. Im April kommen die Pflanzkartoffeln ins Beet.
2. Wenn die Blätter eine Handbreit hoch sind, wird angehäufelt.
3. Fülle so lange Erde auf, bis das Beet gut gefüllt ist.
4. Nach etwa 90 Tagen kannst du deine Kartoffeln ernten.
5. Lass die Kartoffeln nach der Ernte ein paar Tage trocknen, bevor du sie lagerst oder zubereitest.

Kartoffeln aus dem Supermarkt pflanzen?

Ich empfehle dir, lieber Pflanzkartoffeln zu kaufen. Zum einen sind sie auf Viren und Pilze geprüft. Zum anderen sind Kartoffeln aus dem Supermarkt mit keimhemmenden Mitteln behandelt. Das ist schlecht, wenn du sie pflanzen willst. Sie werden nämlich auch in der Erde nur stark verzögert keimen.

Beet ist, nimmst du die Erde dafür aus der Mitte oder du füllst das Beet mit torffreier Blumenerde auf. Noch besser wäre es, wenn du Muttererde verwendest. Sie hat ein besseres Wasserhaltevermögen als die Erde aus dem Sack und das ist wichtig für die Entwicklung von vielen großen Knollen. Die 'Glorietta' kannst du etwa drei Monate, ca. 90 Tage, nachdem du die Knollen in die Erde gebracht hast, ernten. Lass sie ein paar Tage an der Luft trocknen und lagere sie dann an einem kühlen, dunklen Ort.

Nach der Ernte ist vor der Aussaat

Nachdem du die Kartoffeln geerntet hast, kannst du zwei Reihen Möhren und drei Reihen Spinat in dem Rahmenbeet aussäen.
Beide werden jetzt noch keimen und als Jungpflanzen gut durch den Winter kommen. Im Frühling geben sie dann Gas und du kannst sehr früh schon Möhren und Spinat ernten. Lies dir vor der Aussaat der Möhren noch einmal meinen Tipp dazu auf Seite 43 durch.

Die Tomaten werden mit Basilikum unterpflanzt. Was auf dem Teller schmeckt, passt auch im Beet zusammen.

DAS SALATBEET

Das zweite Rahmenbeet habe ich für den Anbau von Salat und Salatbegleitern reserviert.

Lange Zeit war Salat das einzige „Gemüse“, das alle unsere Kinder als essbar akzeptierten, und ich habe eine Weile herumgetüftelt, um ihn rund ums Jahr auf den Teller zu bringen. Du kannst bereits im März mit der Aussaat von Pflücksalat beginnen. Pflücksalat hat unter den Salaten das längste Erntefenster. Geerntet werden nur die äußeren Blätter, wenn du das Herz stehen lässt, wachsen über einen langen Zeitraum immer wieder Blätter nach. Für etwas Abwechslung auf dem Salat-Teller pflanzt du in die nächsten beiden Reihen je vier Kopf- und vier Bataviasalate. Bataviasalat hat einen richtig schönen Knack und du kannst die stabilen Blätter sogar dünsten oder geviertelt mit Käse überbacken im Ofen zubereiten.

Die Salate ziehst du entweder in Mini-Gewächshäusern vor (siehe S. 46) oder du kaufst Jungpflanzen im Gartencenter. Schau, ob du ein Kistchen mit gemischten grünen und roten Salaten bekommst – für noch mehr Farbe im Beet.

In die letzte Reihe säen wir Radieschen. Sie dienen als knackiger Platzhalter für die Tomatenpflanzen, die nach den Eisheiligen hier einziehen, bis dahin sind sie längst geerntet. Gib deinen Tomaten eine Handvoll organischen Biodünger ins Pflanzloch, arbeite ihn unter, damit die Wurzeln nicht direkt darauf sitzen. Tomaten bilden am Stiel zusätzliche Wurzeln, pflanze sie daher so tief wie möglich. Das erste Blattpaar darf unter der Erde verschwinden. Denke auch an einen ausreichend langen Stab, um die Pflanze zu stützen. Tomaten können gut 2 m hoch werden.

Ungefähr Ende Juli, Anfang August kommt der letzte Pflücksalat raus und du kannst stattdessen nach und nach auf der freiwerdenden Fläche breitwürfig Feldsalat säen, bis das ganze Beet damit bedeckt ist. Feldsalat kannst du den ganzen Winter über bis in den Frühling hinein ernten.

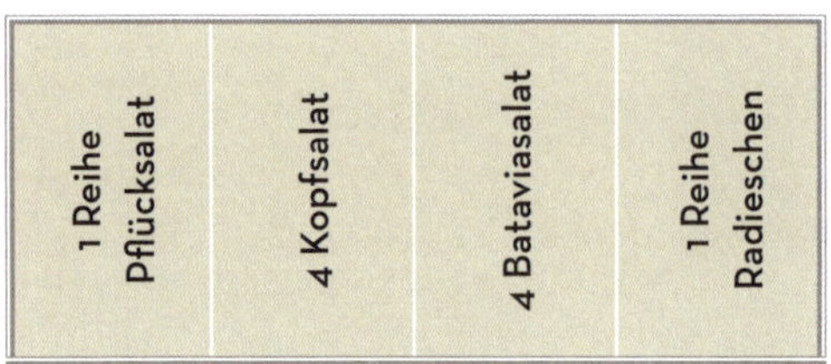

Im März

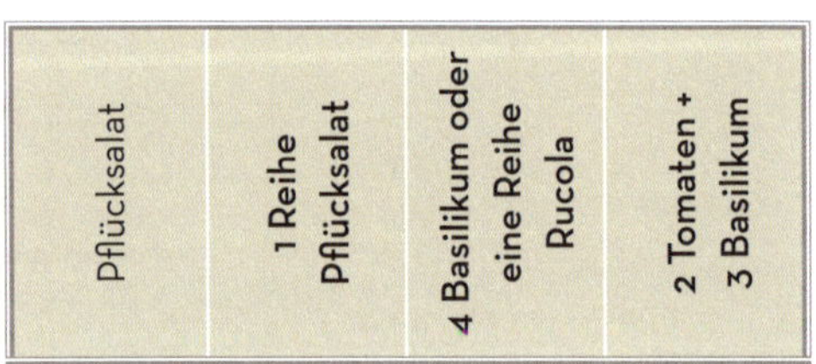

Im Mai

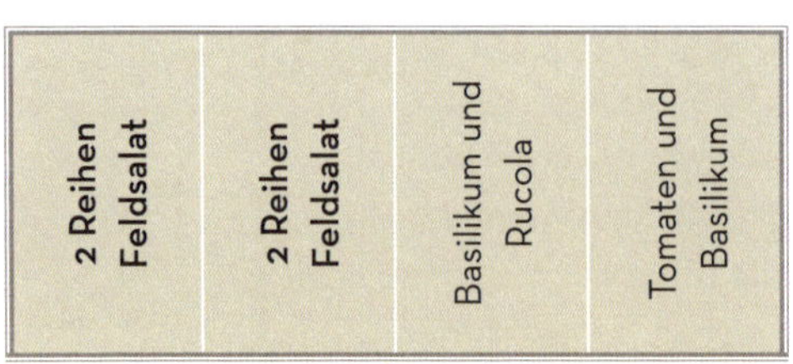

Im August/September

1

2

1. Die Zuckertraube produziert jede Menge Rispen mit zuckersüßen Tomaten.

2. Im Salatbeet ist Platz für vier Reihen. Hier wachsen gerade von links nach rechts roter und grüner Kopfsalat, Pflücksalat, Bataviasalat und Tomaten mit Basilikum.

3. Das Tolle an Pflücksalat ist, dass man je nach Bedarf und über einen wirklich langen Zeitraum ernten kann.

3

Braunfäule tolerante Tomaten

Tomaten sind anfällig für Braunfäule. Je feuchter der Sommer, desto wahrscheinlicher ist ein Befall und damit der Verlust der Ernte. Pflanze daher im Freiland unbedingt nur dafür geeignete Sorten. Ich habe gute Erfahrungen mit den Sorten 'Zuckertraube', 'Pinova' und 'Banana Legs' gemacht.

HOCH HINAUS

Das wollen sowohl die wunderschönen Sonnenblumen als auch die Stangenbohnen. Sie sorgen dafür, dass dein Erntekorb über mehrere Wochen gut gefüllt ist.

Das Bohnen-Tipi

Gärtnern darf Spaß machen, ich baue daher gerne einen Eyecatcher, ein überraschendes, ein bisschen verrücktes Element in einen Garten ein. In unserem Beispielgarten übernimmt diese Rolle das Bohnen-Tipi. Es ist aber nicht nur schön anzusehen, es versorgt dich auch mit jeder Menge Bohnen.

BOHNEN-TIPI BEPFLANZEN

Bohnen wachsen am besten in einem warmen Boden. Es gibt ein Sprichwort, das sagt, man soll Bohnen barfuß säen. Wenn dir die Füße dabei nicht abfrieren, passt der Zeitpunkt. In der Regel ist das Anfang Mai der Fall. Ich habe das Tipi mit vier Sorten bepflanzt. Eine frühe, zwei mittelfrühe und eine späte Sorte. So kann ich über einen langen Zeitraum immer wieder Bohnen ernten. Die letzten Bohnen lasse ich ausreifen und schaffe mir so einen Trockenbohnen-Vorrat für den Winter.

Meine Stangenbohnen-Sorten

– 'Goldmarie': Sehr frühe Sorte mit breiten gelben, fadenlosen und sehr aromatischen Hülsen. Sie kommt auch mit etwas schattigeren Standorten gut zurecht und schenkt dir die ersten Stangenbohnen des Jahres.
– 'Kaiser Friedrich': Super leckere mittelfrühe Butterbohne mit gelbrosa Hülsen. Die Bohnenkerne reifen taubenblau aus, sind also auch als Trockenbohnen ein Fest fürs Auge.
– 'Quedlinburger Speck': Mittelfrühe Sorte, die wirklich niemals zäh und fädig wird. Selbst wenn sich schon Bohnenkerne abzeichnen, bleiben die grünen Hülsen zart und lecker.
– 'Anellino Verde': Späte Sorte, sie reift erst, wenn alle anderen Bohnen schon geerntet sind. Ihre Hülsen kringeln sich zu Kreisen oder einer Sechs und schmecken unglaublich gut.

Bohnen legen

Lege sechs bis acht Bohnenkerne rund um jede Stange. Bohnen wollen die Glocken läuten hören, also lege sie nicht zu tief, 1 bis 2 cm genügen. Gieße sie gut an und halte sie feucht, bis sich die Pflänzchen zeigen. Leider sind die Kerne bei Vögeln beliebt. Mit Reisig kannst du sie von den Samen fernhalten. Sobald die Pflänzchen erscheinen, kannst du es entfernen.

Bohnenernte

Pflücke deine Bohnen regelmäßig durch, dann kommen immer neue Hülsen nach. Sobald die ersten Hülsen ausgereift sind, stellt die Pflanze die Produktion ein. Nimm beim Pflücken beide Hände, damit du die Ranken nicht versehentlich abreißt.

BAU DIR EIN BOHNEN-TIPI

Das brauchst du:
- 8 bis 10 Haselnussstangen ca. 3 m lang, alternativ Bambusstangen
- ein dickes Bündel dünne Haselnussruten, alternativ Weidenruten

1. Stecke zunächst die Kreisfläche für das Tipi ab, unser Tipi hat einen Durchmesser von ca. 1,50 m. Ich habe das nach Augenmaß gemacht. Wenn du einen perfekten Kreis willst, baue dir dafür einen Zirkel, indem du einen Stock in der Kreismitte einschlägst und ein Seil mit dem halben Durchmesser daran befestigst. Dann noch einen Stock am Seilende befestigen und damit einen Kreis auf dem Boden markieren. Im gleichmäßigen Abstand Löcher für die Stangen im Boden graben (Eingang aussparen). Stangen so tief in die Löcher stecken, dass sie einigermaßen stabil sind. Die richtige Stabilität bekommt das Tipi erst durch die eingeflochtenen Haselnussruten.

2. Stangen in der Mitte zusammendrücken, bis sie sich überkreuzen. Du kannst sie oben mit einem Seil fixieren, dann halten sie, während du die Ruten einflechtest, besser zusammen.

3. Haselnussruten einflechten, immer abwechselnd vor und hinter einer Haselnussstange. Mit zwei eingeflochtenen Ringen wird das Tipi sehr stabil. Du kannst auch mehr Ringe einflechten, wenn du ausreichend Material hast.

1

2

1. Um das Bohnen-Tipi herum rankt die vanillegelbe Kapuzinerkresse 'Milk Maid'.

2. Gefüllte Dahlien halten länger in der Vase, aber ungefüllte werden gerne von Bienen besucht.

VON BLUMEN UMKREIST

Rund um das Bohnen-Tipi herum ist noch ein wenig Platz. Ich habe ihn mit Blumen gefüllt.

Sonnenblumen

Die Sonnenblumen ziehst du im April in tiefen Töpfen auf der Fensterbank vor. Sie brauchen sehr viel Licht, damit sie stabile Stiele bilden. Ins Beet dürfen sie aber erst nach den Eisheiligen. Ich stelle meine Töpfe auf ein Tablett und trage sie an frostfreien Tagen nach draußen bzw. hole sie nur, wenn Frost angesagt ist, nach drinnen. Sonnenblumen blühen übrigens nicht immer in Gelb. Ich habe mich für die Sorte 'Astra Rose' mit pastellrosa Blüten entschieden. Sie verzweigt sich gut und ist überaus reichblühend. Sobald die Sonnenblumen anfangen sich zu verzweigen, solltest du ihnen einen Stock geben und sie daran befestigen.

Kapuzinerkresse

Kapuzinerkresse ziehst du genau wie die Sonnenblumen Anfang April vor. Nimm dafür Töpfe mit einem Durchmesser von 9 bis 12 cm, damit die Pflanzen genügend Platz zum Wachsen haben, bevor sie nach den Eisheiligen ins Beet umziehen. Die Blüten und Blätter der Kapuzinerkresse schmecken leicht scharf. Du kannst sie als Deko und Zutat für deinen Salat verwenden. In der Regel ist Kapuzinerkresse leuchtend orange. Es gibt sie aber auch in anderen Farben. Ich mag gerne die vanillegelbe Sorte 'Milk Maid'. Es ist eine rankende Sorte und ich habe sie so gepflanzt, dass sie den Boden rund um das Bohnen-Tipi zuranken kann.

Dahlien

Die Dahlienknollen kommen Ende April ins Beet. Ich habe mich für die ungefüllte Halskrausendahlie 'Kelsey Annie Joy' und die gefüllte Pompondahlie 'Sweet Suzanne' entschieden.
Pflanze die Knollen gerade so tief, dass die Knolle ca. 5 cm mit Erde bedeckt ist. Dahlien blühen sehr üppig und brauchen daher auch viele Nährstoffe. Du kannst entweder eine ordentliche Portion organischen Biodünger ins Pflanzloch einarbeiten oder du verwendest meine erprobte Dahlien-Spezial-Düngermischung aus je einem Teil Rinderdung-Pellets, Malzkeim-Pellets, Hornspäne und Urgesteinsmehl. Kurz bevor die Dahlien blühen, stütze ich sie mit halbrunden Staudenstützen. Dahlienblüten werden sehr schwer und brechen bei Regen leicht ab, wäre schade drum, also nicht vergessen.

KRÄUTER UND WILD-KRÄUTER

KEIN GARTEN OHNE KRÄUTERBEET

Kochen ohne Kräuter kann ich mir nicht vorstellen. Ihr Aroma verbessert einfach jedes Gericht und sie sind wirklich unproblematisch im Anbau.

Mmmmh, wie das duftet

Das Kräuterbeet

Die meisten Kräuter lieben einen sonnigen Standort und durchlässige, magere Erde. Aber es gibt auch ein paar Ausnahmen. Kräuter, die mehr Schatten vertragen und mehr Nährstoffe brauchen. Am besten baust du sie in verschiedenen Beeten an, außer du hast wie ich ein Beet, das Schatten und Sonne abbekommt.

BODEN GUT VORBEREITEN

Wenn du einen sehr schweren Boden hast, arbeite für die sonnenhungrigen Kräuter spatentief Sand unter, bevor du pflanzt. Für die Kräuter, die Halbschatten vertragen, kannst du Kompost unterarbeiten, um die Bodenstruktur aufzulockern.
Mit diesen Maßnahmen schaffst du optimale Bedingungen. Das heißt aber nicht, dass die Kräuter in normalem Boden nicht auch zurechtkommen und wachsen. Nur eben nicht so gut.

LANGJÄHRIGE BEGLEITER ODER KURZZEITBESUCHER?

Während einige Kräuter mehrjährig (m) sind und von Jahr zu Jahr schöner und größer werden, sind andere entweder einjährig (e) bzw. in unseren Breiten einfach nicht winterfest, da sie keinen Frost vertragen (f) oder zweijährig (z).
Frostfeste Kräuter kannst du bereits im März oder April pflanzen, sofern der Boden nicht mehr gefroren ist. Frostempfindliche Kräuter dürfen erst nach den Eisheiligen, Mitte Mai, ins Beet.
Die zweijährige Petersilie braucht immer wieder einen neuen Platz, sie ist mit sich selbst unverträglich. Die Einjährigen – Kerbel, Koriander und Dill – säen sich sehr gut selbst aus, wenn du ein paar Samen an der Pflanze ausreifen lässt und dann einfach im Beet verstreust.

MIX AND MATCH

In meinem Kräuterbeet wachsen Kräuter zusammen mit Gemüse und Blumen. Sieht hübsch aus und nutzt am Ende allen.

Kapuzinerkresse und Duftsteinrich

Den Beetrand habe ich im April mit vorgezogenem Salat in Rot und Grün bepflanzt. Das ist sehr dekorativ und lecker. Sobald der Salat geerntet ist, nimmt buschig wachsende Kapuzi-

WIR WOLLEN SONNE!

- Berg-Bohnenkraut (m)
- Lavendel (m)
- Majoran (f)
- Olivenkraut (m)
- Oregano (m)
- Rosmarin (m)
- Salbei (m)
- Thymian (m)
- Ysop (m)

HALBSCHATTEN IST OKAY

- Basilikum (f)
- Estragon (m)
- Petersilie (z)
- Schnittlauch (m)
- Sauerampfer (m)
- Dill (e)
- Kerbel (e)
- Koreanischer Koriander (f)
- Minze (m)
- Wasabi (m)

Wenn der Salat geerntet ist, nehmen Kapuzinerkresse und Duftsteinrich seinen Platz ein, ein Fest für den Gaumen und für das Auge.

Kräuter mulchen

Ich sehe immer wieder Kräuterbeete, die zwischen den Pflanzen mit Rindenmulch bedeckt werden. Mach das bitte nicht! Rindenmulch sorgt dafür, dass die Erde auf Dauer sauer wird (also in Bezug auf den pH-Wert) und das können Kräuter nicht leiden. Wenn du die Erde abdecken willst, nimm Sand, Kies oder zerbröselte Eierschalen.

nerkresse im Wechsel mit Duftsteinrich seinen Platz ein. Beide Pflanzen kannst du leicht selbst vorziehen oder als Jungpflanzen im Gartencenter kaufen. Alle Teile der Kapuzinerkresse sind essbar. Aus den Knospen oder grünen Samenkapseln kannst du zum Beispiel einen Kapernersatz herstellen. Die Blüten und Blätter schmecken leicht scharf, ich verwende sie gerne als Deko im Salat.

Taglilien

An einer sonnigen Stelle ist der Beetrand mit Taglilien (siehe S. 65 unten links) bepflanzt. Sie bekommen über Wochen jeden Tag neue schöne und zudem essbare Blüten.

Kletterpflanzen

Für mehr Spannung im Beet sorgt eine dekorative Rankhilfe. Den Platz daran teilen sich eine Gurke und eine Strauch-Clematis. Die Clematis wird nicht sehr hoch und sorgt mit ihren Blättern und Blüten dafür, dass die Rankhilfe auch dann noch gut aussieht, wenn die Gurke abgeerntet ist.

Tagetes

Überall im Beet sind Tagetes verteilt. Tagetes tragen mit ihren Wurzelausscheidungen zur Bodengesundheit bei, sie vertreiben durch ihren Geruch lästige Nematoden und mit dem Gift in ihren Wurzeln Drahtwürmer. Es gibt übrigens viele verschiedene Tagetes-Sorten. Als Jungpflanzen kaufen kann man meist nur die klassischen mit den großen gelben Blüten und dem gewöhnungsbedürftigen Geruch. Sorten mit kleinen essbaren Blüten wie 'Luna Orange' oder 'Luna Lemon' riechen sehr viel besser. Du kannst sie leicht aus Samen vorziehen und dann an den freien Stellen im Beet auspflanzen.

Dahlie

Ein sonniges Beetplätzchen habe ich für eine Dahlie der Sorte 'Jowey Frambo' reserviert. Hinweise zum Pflanzen und Düngen findest du auf Seite 57. Dahlienblüten und auch die Knollen sind essbar. Wobei ich hier sagen muss, nicht alles was essbar ist, muss man auch essen. Dahlienblüten schmecken, wie sie riechen und die Knollen erzeugen ziemlich viel Luft im Darm. Ich erfreue mich daher lieber an ihren Blüten, die bis in den Oktober

Minze pflanzen

Minze hat einen sehr starken Ausbreitungsdrang. Setze sie daher nicht direkt ins Beet. Ich habe sie mit einem durchgerosteten Eimer ins Beet gepflanzt. Lass den Eimer etwas aus der Erde herausschauen, dann kannst du besser kontrollieren, ob sich Absenker bilden.

Minze lieber mit Wurzelsperre, hier in Form eines Zinkeimers, pflanzen.

hinein Farbe ins Beet bringen und außerdem meine Vase gut füllen. Wunderbare Begleiter für die Dahlie – sowohl im Beet als auch in der Vase – sind das weiße und das rote Strauch-Basilikum. Bei uns sitzen sie ein bisschen voneinander entfernt, aber wenn du kannst, pflanze sie ruhig nebeneinander. Achtung: Die Dahlie wird höher als das Basilikum, achte also bei der Anordnung auf den Lauf der Sonne.

Busch- und Strauch-Basilikum

Busch-Basilikum, wie das bekannte Genoveser Basilikum, musst du regelmäßig beernten. Zwicke dazu mit den Fingern einen Trieb oberhalb eines Blattpaars ab, dann verzweigt sich deine Pflanze gut und bildet laufend neue Triebe. Bitte keine einzelnen Blätter abzupfen und die Pflanze nicht zur Blüte kommen lassen, denn dann bildet sie keine neuen Triebe mehr. Diese Art von Basilikum ist perfekt für die Herstellung von Pesto geeignet. Strauch-Basilikum dagegen darf blühen. Die langen Blütentriebe sehen auch in der Vase gut aus und wenn du dir immer mal wieder Triebe abschneidest, bilden sich genügend neue nach. Die essbaren Blätter vom Strauch-Basilikum verwende ich aber eher zur Dekoration von Speisen.

KOMPAKT HALTEN ODER BLÜHEN LASSEN?

Aus den kleinen Kräuterpflanzen, die du im Gartencenter gekauft hast, werden mit den Jahren richtig große Kräuterbüsche. In meinem Garten steht ein Rosmarin, der ist gut 1 m hoch und ein Salbei mit einem Durchmesser von mehr als 1 m. Willst du aber, dass deine Kräuter kompakt bleiben, dann solltest du sie regelmäßig zurückschneiden.
Wenn du den Kräuter-Rückschnitt trocknen und in der Küche verwenden möchtest, ist der richtige Zeitpunkt für den Schnitt im Sommer vor der Blüte. Dann haben die Kräuter das meiste Aroma. Suche dir einen warmen, trockenen Tag aus und achte darauf, dass du nicht zu tief schneidest. Unterhalb der Schere muss der Trieb noch grün sein.
Wenn du lieber die Kräuterblüte genießen und den Insekten etwas Gutes tun willst, dann schneide deine Kräuter im Frühling, sobald kein Frost mehr zu erwarten ist. Den Frühlingsrückschnitt kannst du zum Mulchen deiner Gemüsebeete verwenden. Sehr praktisch: Schnecken machen einen großen Bogen um die stark riechenden Kräuter.

KRÄUTER TROCKNEN

Ich verwende zum Trocknen von Kräutern Stiegen mit Drahtgitterboden und stelle sie an einen warmen trockenen Ort ohne direkte Sonneneinstrahlung. Bei Kräutern mit großen Blättern, zupfe ich die Blätter von den Stielen, dann trocknen sie schneller. Kleinblättrige Kräuter trockne ich mit Stiel und rebele sie, wenn sie komplett durchgetrocknet sind, von den Stielen ab.

GURKEN UND STRAUCH-CLEMATIS
Ein ungleiches, aber schönes Paar

STRAUCH-BASILIKUM
ist ein Duft- und Blühwunder.

Kräuterschnecke statt Kräuterbeet

Eine Kräuterschnecke ist ein wunderschönes Element. Du kannst sie zentral platzieren und deinen Garten drumherum aufbauen (siehe S. 26/27). Aufgrund ihres speziellen Aufbaus finden hier ganz verschiedene Kräuter perfekte Voraussetzungen zum Wachsen.

Drei Zonen

Für optimale Bedingungen sorgt die Unterteilung der Kräuterspirale in verschiedene Zonen:
Im oberen Bereich wachsen die wärmeliebenden mediterranen Pflanzen wie Rosmarin, Lavendel, Thymian und Salbei. Die Pflanzen der **mediterranen Zone** lieben einen leichten, gut durchlässigen Boden. Das kann mit Sand und feinem Kies vermischte Gartenerde sein. Wichtig ist, dass die Erde sehr wasserdurchlässig sowie eher mager und trocken ist.
An den mediterranen Bereich schließt sich in der Mitte die **gemäßigte Zone** an, die Basilikum, Koriander, Kamille und Estragon beherbergen kann. Hier darf die Erde ein bisschen gehaltvoller sein. Du kannst einfache Gartenerde oder torffreie Kräutererde aus dem Gartencenter verwenden. Dieser Bereich sollte möglichst im Halbschatten liegen.
In der sich nach unten anschließenden **feuchten Zone** sollte der Boden humoser, feuchter und nährstoffreicher werden. Ich mische dafür ordentlich Kompost unter die Gartenerde. In diesem Bereich fühlen sich Schnittlauch, Petersilie, Kerbel und der japanische Wasabi sehr wohl.

Das Baumaterial für eine Kräuterspirale

Die Spirale sollte in Trockenbauweise aus Mauersteinen oder aus unbehauenen Natursteinen gebaut werden. In den Fugen und Ritzen können sich dann leicht Pflanzen ansiedeln und Kleintiere verstecken. Unsere Kräuterspirale ist etwa 80 cm hoch. Für die hochragenden Bereiche eignen sich zerbrochene Steine oder Kies als Füllmaterial und Drainage im Inneren der Kräuterspirale. Die Steine für den Bau unserer Kräuterspirale haben wir vom Nachbarn geschenkt bekommen. Oft werden auch online auf Ebay oder Kalaydo Steine für Selbstabholer angeboten.

Materialliste

- jede Menge Steine
- Bauschutt oder Kies
- Sand
- Kompost
- eventuell torffreie Blumenerde

Kräuterschnecke bauen – Schritt für Schritt

1. Markiere den Grundriss auf dem Boden, hebe die Erde spatentief aus und lagere sie auf einer Folie. Bedecke die Grundfläche der Kräuterschnecke mit Bauschutt oder Kies.

2. Beginne jetzt damit, rund um die Fläche Steine aufzuschichten. Große breite Steine nach unten, kleine noch oben. Jede Steinreihe direkt mit Erde hinterfüllen, die Mauer soll eine leichte Neigung nach innen haben, dann ist sie stabiler.

3. Die niedrigste Stelle der Kräuterschnecke soll im Norden liegen, die höchste im Süden. So bekommen die Kräuter, die mehr Schatten benötigen, automatisch das, was sie brauchen.

4. Lass die Mauer spiralförmig nach innen laufen. In der Mitte der Kräuterschnecke weiteren Bauschutt aufhäufeln, dazwischen mit Gartenerde, Sand und Kompost auffüllen. Der Sandanteil nimmt mit zunehmender Höhe zu, unten ist der Kompostanteil höher.

5. Warte mit der Bepflanzung am besten 14 Tage, damit die Erde sich etwas setzen kann.

BRENNNESSELN UND BEINWELL

Wenn die beiden bei dir im Garten wachsen, hast du eine Art Universalmittel gegen alle möglichen Wehwehchen, die deinen Garten befallen können.

Die wilde Ecke

Vieles, was gemeinhin als Unkraut verschrien ist, kann einen großen Nutzen für dich haben, wenn du biologisch gärtnern willst. Ich verzichte in meinem Garten auf den Griff in den Giftschrank und greife stattdessen lieber zur selbst angepflanzten Naturapotheke.

NATURNAH GÄRTNERN

Ein giftfreier Garten freut den Regenwurm, die Biene, den Schmetterling und den Marienkäfer, aber leider auch die Blattlaus, die Schnecke und den Pilz. Auch sie haben einen Platz im ökologischen System, aber so wirklich freut es mich natürlich nicht, wenn sie an meinem Gemüse knabbern.

DIE GLORREICHEN ZWEI

Wie halte ich meinen Biogarten frei von Schädlingen und Krankheiten? Mit selbst hergestellten Pflanzenschutzmitteln aus natürlichen Zutaten. Die Kräuter, die ich dafür benötige, wachsen zu einem großen Teil in meinem Garten. Im Beispielgarten habe ich dafür die wilde Ecke reserviert. Dort dürfen Beinwell und Brennnessel, zwei der wichtigsten Kräuter für einen gesunden Garten, wachsen.

Beinwell

Ihn kannst du im Gartencenter als Pflanze kaufen, aber auch aus Saatgut leicht selbst anziehen. Säe ihn am besten in Töpfen aus, dann hast du eine bessere Kontrolle als bei Direktsaat ins Beet. Einmal gepflanzt sorgt er von alleine für seine Vermehrung. Die hübschen Blüten sind bei Wildbienen und Schmetterlingen sehr begehrt. Im Winter zieht er seine Blätter komplett ein, kommt aber im Frühling zuverlässig wieder.

Brennnesseln

Die Pflanzen musst du dir irgendwo ausgraben, das sollte aber kein Problem sein. Sie sind überall zu finden. Ein paar Wurzelstücke genügen. Vielleicht wächst die Brennnessel sowieso schon in deinem Garten, dann kannst du sie einfach umsiedeln. Du kannst auch im Spätsommer ein paar Brennnesselsamen an einer Pflanze abstreifen und aussäen.

GEMÜSE SCHÜTZEN UND DÜNGEN

Wie helfen die Kräuter aus deiner wilden Ecke dir jetzt konkret? Da gibt es mehrere Möglichkeiten. Eine davon

Frühe Ernte

Brennnesseln gehören übrigens zu den frühesten Kräutern, die du für die Küche ernten kannst. Sobald die Triebe ein bis zwei Handbreit hoch sind, kannst du sie abschneiden und für eine Suppe oder Quiche verwenden. Wenn du sie frisch essen möchtest, rolle mit einem Nudelholz kräftig über die Blätter, das zerstört die Brennhärchen. Du kannst sie dann gefahrlos in einen Wildkräutersalat geben.

1

2

3

ist, sie zu Jauche zu verarbeiten und damit deine Pflanzen zu gießen. Die jeweilige Wirkung hängt davon ab, ob du die Jauche frisch oder vergoren verwendest und wie stark du sie verdünnst.

Es ist nicht schwierig, Jauche anzusetzen. Es dauert nur ein bisschen und riecht eine Weile recht stark. Fülle einfach ein größeres Gefäß zur Hälfte mit grob zerkleinerten Blättern. Wasser zugeben, lose abdecken, einmal am Tag mit einem langen Stock umrühren und wenn es zu stark riecht, mit Urgesteinsmehl bestäuben. Nach rund zwei Wochen, wenn es aufhört zu schäumen, ist die Jauche fertig. Du kannst sie den ganzen Sommer über verwenden.

Jauche anwenden

Vergorene Jauche kannst du während der Gemüsesaison vierzehntägig als natürlichen Dünger einsetzen. Ich mische für den Ansatz Beinwell und Brennnesselblätter zu gleichen Teilen und verdünne die fertige Jauche 1 : 10 mit dem Gießwasser.

Zur Schädlingsabwehr verwendest du ätzende Jauche aus Brennnesselblättern. Der Ansatz erfolgt wie bei der

1. Frische Brennnesseln für Jauche schneiden.

2. Grob zerkleinern und mit Regenwasser bedecken.

3. Einmal täglich umrühren. Wenn es nicht mehr schäumt, ist die Jauche fertig.

vergorenen Jauche, sie wird aber bereits nach drei Tagen stark verdünnt (1 : 50) zum Spritzen verwendet.

Wie wirken Beinwell und Brennnessel?

Beinwell enthält jede Menge Kalium, das ist wichtig für das Aroma von Früchten und Gemüse. Kalium stärkt zudem die Widerstandskraft der Pflanze gegen Schädlinge, Krankheiten und gegen Trockenheitsstress. Mit einer guten Kaliumversorgung kannst du auch Krankheiten wie der Blütenendfäule bei Tomaten oder anderem Fruchtgemüse vorbeugen.
Brennnesselblätter sind ein sehr guter Stickstofflieferant. Stickstoff ist ein wichtiger Nährstoff für ein gutes Pflanzenwachstum. Gerade zum Beginn der Saison sorgt er für kräftiges Blattwachstum. Gut versorgte Pflanzen haben sattgrüne Blätter und starke Stiele.

Weitere Kandidaten

Wenn du mehr Platz zur Verfügung hast, kannst du noch weitere Pflanzen für deine Gartenapotheke anbauen.
- Löwenzahn verbessert das Fruchtaroma.
- Meerrettich hilft gegen Mehltau und die Kräuselkrankheit bei Pfirsichbäumen.
- Rhabarber wirkt als Tee sehr gut gegen Blattläuse.
- Tomatenblätter unterstützen als Jauche die Abwehr des Kohlweißlings.
- Knoblauch und Zwiebeln helfen als Tee gegen Pilze.
- Farnkraut-Jauche verdirbt Schnecken den Appetit.

Junger Löwenzahn schmeckt im Salat, ältere Blätter kannst du verjauchen.

BODENLEBEN VERBESSERN

Beinwell und Brennnessel entfalten auch eine positive Wirkung, wenn du die Blätter grob zerkleinert als Flächenmulch rund um deine Gemüsepflanzen ausbringst. Die bedeckte Erde bleibt länger feucht und du musst weniger gießen. Durch die Feuchtigkeit bleibt das Bodenleben aktiv. Wenn die Blätter verrotten, werden sie von Würmern in die Erde gezogen. Das erhöht den Anteil organischer Substanzen in deinem Boden und wirkt sich positiv auf die Bodengesundheit aus. Die in ihnen enthaltenen Nährstoffe werden so freigesetzt und kommen den Pflanzen zugute. Es dauert zwar etwas länger – in der Jauche sind sie direkt gelöst –, aber dafür riecht es auch nicht.

Brennnesseln vor der Blüte schneiden

Schneide deine Brennnesseln zurück, bevor sie blühen. Damit kannst du ihre Verbreitung besser kontrollieren. Denn auch wenn sie ausgesprochen nützlich sind, im ganzen Garten willst du sie ja nicht haben.

OBSTBÄUME UND BEERENOBST

UNTERM BIRNBAUM

Im Frühling sitzen wir unter einem weißen Blütenmeer, im Sommer spendet uns das Blätterdach kühlenden Schatten und die reifen süßen Birnen wachsen uns fast in den Mund.

Der Hausbaum

Kein Garten ohne Hausbaum! Wir haben in unseren Beispielgarten einfach unseren Birnbaum integriert. Es ist eine relativ kleinwüchsige Sorte und er schenkt uns viele leckere Birnen. Optimale Voraussetzungen also für den Job als Hausbaum.

Damit ein Apfelbaum viele Früchte trägt, braucht er einen zweiten Apfelbaum in seiner Nähe.

DEN RICHTIGEN HAUSBAUM FINDEN

Ein Hausbaum sollte zwei Dinge können: Seine Größe muss zur Gartengröße passen, er darf also in unserem Fall nicht zu groß werden, und er soll unseren Erntekorb füllen.

Kaufe deinen Baum am besten in einem gut sortierten Gartencenter oder noch besser in einer Baumschule. Lass dich beraten und frage vor allem danach, wie hoch und breit der Baum im Laufe seines Lebens wird und wann du mit einer ersten Ernte rechnen kannst. Das kann nämlich, je nach Alter des Baums, ein paar Jahre dauern. Wenn du direkt ernten willst, lohnt es sich, in einen etwas älteren und damit auch etwas teureren Baum zu investieren.

Für kleine Gärten kommen vor allem Spindelbüsche und Säulenbäume infrage. Der Spindelbusch sieht aus wie ein richtiger Baum, er bleibt einfach nur niedrig. Er wäre die Baumform meiner Wahl. Der Säulenbaum bildet wirklich nur eine Säule, damit fehlt ihm das Baumkronengefühl, aber bei wirklich wenig Platz ist er eine gute Alternative, um eigenes Baumobst zu ernten. Zum Wachsen reicht ihm sogar ein großer Topf auf der Terrasse.

Äpfel mit Birnen vergleichen

Hier nehmen wir das Sprichwort mal wörtlich. Welcher Obstbaum passt zu dir? In erster Linie entscheidet natürlich dein Geschmack. Welches Obst isst du gerne und da größere Mengen anfallen: Was kannst du gut lagern oder verarbeiten? Worüber du aber auch nachdenken solltest: Ist die Obstbaumsorte selbstbefruchtend oder nicht? Ein Apfelbaum zum Beispiel braucht einen zweiten Apfelbaum in der Nähe, damit er Äpfel trägt. Bei der Birne und der Süßkirsche sieht es genauso aus. Pflaumen

1

2

1. Pfirsiche sind selbstbefruchtend. Achte darauf, dass du eine Sorte mit Resistenz gegen die Kräuselkrankheit auswählst.

2. Spalierobstbäume bekommst du am besten in darauf spezialisierten Gärtnereien oder Baumschulen.

3. In milden Gegenden kannst du auch eine Feige als Hausbaum wählen.

4. Nichts geht über Mirabellen aus dem eigenen Garten.

sind oft selbstbefruchtend tragen aber besser, wenn eine zweite Pflaume in der Nähe steht. Nähe ist hier übrigens relativ, die Rolle des Pollenboten übernehmen Honigbienen und die haben einen recht großen Flugradius (ca. 2 km, man glaubt es kaum). Es reicht also, wenn irgendwo in der Nachbarschaft ein zweiter Baum steht, der zur gleichen Zeit blüht wie deine Sorte.

Wir kommen alleine klar

Zu den selbstbefruchtenden Obstbaumsorten gehören Nektarinen, Aprikosen, Pfirsiche, Quitten, Feigen und Mirabellen. Nektarinen, Aprikosen, Pfirsiche und Feigen wachsen am besten in milden Regionen mit Weinbauklima. Wobei bei den ersten drei nicht die Kälte im Winter, sondern die frühe Blüte im Frühling zum Problem werden kann. Gibt es während der Blüte Spätfrost, wird es nichts mit der Ernte in diesem Jahr. Du kannst deinen Baum aber bei angesagtem Spätfrost mit einem locker um die Krone gewickelten Vlies schützen. Das reicht zumeist aus, um die Blüte zu retten.
Feigen wiederum frieren in harten Wintern zwar zurück, treiben in der Regel aber wieder aus und es gibt große Unterschiede zwischen den Sorten

3

4

in der Frosthärte. Lass dich in der Baumschule dahingehend ausführlich beraten. Wir haben eine kleine Feigensorte, die bis –20 Grad frostfest sein soll und nicht höher als 1,60 m wird. Der Sortenname ist 'Gustis® Ficcolino'. Sie gehört zu den sogenannten Twotimern, das heißt, sie trägt zweimal im Jahr Früchte – im Sommer und im Herbst.

Obstspalier als Sichtschutz

Eine Sonderform bildet der Spalierbaum. Fast jeden Obstbaum gibt es auch als Spalier zu kaufen. Du musst nur eine darauf spezialisierte Baumschule finden. Als Hausbaum taugt so ein Spalier zwar nicht, aber dafür kannst du es gut als natürlichen und essbaren Sichtschutz einsetzen. Es lässt sich recht einfach in Form halten und bringt dir eine gute Ernte. Wir haben ein Süßkirschenspalier in unserem Garten so vor den Sitzplatz unseres Nachbarn gepflanzt, dass es ihm in den Sommermonaten Privatsphäre gibt und uns mit leckeren Kirschen versorgt.

DER PASSENDE PFLANZ-ZEITPUNKT

Obstbäume in Containern kannst du im Prinzip rund ums Jahr pflanzen. Empfehlen würde ich dir aber eine

Wurzelnackte Bäume kaufen

Im Herbst kannst du wurzelnackte Ware, also einen Baum ohne Topf, nur mit Wurzelballen, kaufen. Diese Bäume sind preiswerter und wachsen, wenn sie fachgerecht behandelt wurden, besser an.

Die roten Haselnussblätter leuchten wunderschön im herbstlichen Gegenlicht.

Ein Obstbaum ist so etwas wie eine sichere Bank in deinem Gartenportfolio – einmal gepflanzt, wirft er jedes Jahr eine größere Rendite in Form von leckeren Früchten ab.

Pflanzung im Herbst oder im frühen Frühjahr. Im Sommer wachsen Bäume schlechter an. Brich den Wurzelballen unbedingt auf, dann wurzelt der Baum besser ein, und mach das Pflanzloch doppelt so tief und so breit, wie der Wurzelballen ist. Befestige deinen Baum direkt bei der Pflanzung an einem stabilen Pflanzpfahl, dann wächst er schön gerade an. In den ersten zwei Wochen solltest du den Baum regelmäßig gießen, danach nur noch bei andauernder Trockenheit.

MAGST DU NÜSSE?

Dann kommt für dich vielleicht eine Haselnuss als Hausbaum infrage. Sie wächst eigentlich buschig, lässt sich aber durch Schnittmaßnahmen gut in die gewünschte Form bringen. In unserem Garten wächst eine wunderschöne dunkellaubige Sorte, die jedes Jahr reichlich Nüsse trägt. Einziges Problem – die Eichhörnchen sind oft schneller als wir. Wichtig bei der Haselnuss, wenn du sie als Baum ziehen willst, musst du von Anfang an die Triebe an der Basis rechtzeitig zurückschneiden und nur einen oder zwei Stämme stehen lassen.

EIN BEET VOLLER BEEREN

Heidelbeeren wachsen am besten in einem extra für sie angelegten Moorbeet. Die Sträucher haben im Frühling wunderschöne Blüten, tragen dann Unmengen von Beeren und die Herbstfärbung der Blätter ist auch ein Hingucker.

Das Beerenobst

Was wäre ein Nutzgarten ohne köstliches Beerenobst? Egal ob Brombeeren, Himbeeren, Erdbeeren, Heidelbeeren, Rote, Weiße oder Schwarze Johannisbeeren, ich liebe sie alle und für alle finden wir einen Platz in unserem kleinen Garten.

DAS TOLLE AN BEEREN

Neben der relativ großen Erntemenge bei mäßigem Platzbedarf ist die Tatsache großartig, dass sie, einmal gepflanzt, über Jahre wachsende Erträge bringen.

Wenn du die richtigen Sorten auswählst, haben sie darüber hinaus auch eine dekorative Seite. Johannisbeer-Hochstämmchen markieren einen Eingang genauso schön wie ein Rosen-Hochstämmchen. Heidelbeeren locken im Frühjahr mit ihren hübschen weißen Blüten viele Bienen an und bringen mit ihrem wirklich wahnsinnig schönen Herbstlaub ein Farbfeuerwerk in den herbstlichen Garten. Himbeeren und Brombeeren sorgen, als Sichtschutz eingesetzt, für mehr Privatsphäre in den Sommermonaten und Erdbeeren eignen sich sehr gut zum Einfassen von Beeten.

HEIDELBEEREN: SÜSSE BEEREN – SAURE ERDE

Ich habe früher mit meiner Oma und meinen Eltern wilde Heidelbeeren im Wald gesammelt. Stundenlang sind wir dafür auf Knien durch den Wald gekrochen, die warme Sonne auf dem Rücken, den Duft der Beeren in der Nase. Ich weiß nicht, ob mehr Beeren in meinem Mund oder in meinem Eimer gelandet sind. Am Abend waren jedenfalls Finger, Mund und Zunge tiefblau gefärbt.

Du kannst es dir ein bisschen einfacher machen und Heidelbeeren in deinem Garten pflanzen. Damit die Ernte auch auf kleinem Raum anständig ausfällt, nimmst du nicht die niedrig wachsenden wilden Heidelbeeren, sondern die bis zu 1,60 m hohen Kultur-Heidelbeeren. Sie sind zugegeben nicht ganz so aromatisch wie ihre wilden Schwestern, aber inzwischen gibt es schon sehr leckere Sorten wie 'Blueroma' oder 'Little Blue Wonder' und die Erntemenge ist einfach überzeugend.

Während wilde Heidelbeeren gut im Halbschatten großer Bäume wachsen, brauchen Kultur-Heidelbeeren einen eher sonnigen Standort. Noch wichtiger ist allerdings die Erde, in der sie wachsen: Heidelbeeren benötigen für

Ein Tipp für den Kauf

Größere Sträucher sind zwar etwas teurer, belohnen dich dafür aber bereits im ersten Jahr mit einem guten Ertrag.

SO LEGST DU EIN MOORBEET FÜR HEIDELBEEREN AN

Das brauchst du dafür:

- Hochbeetrahmen aus Holz 1,20 x 0,80 m
- Teichfolie 0,5 mm dick: je 2 x 1,40 x 0,40 m und 1,00 x 0,40 m
- U-Nägel
- 10 40-Liter-Säcke torffreie Rhododendron-Erde
- Spaten
- Hammer
- 1 x Heidelbeere 'Blueroma' (oder eine andere späte hochwachsende Sorte)
- 2 x Heidelbeeren 'Little Blue Wonder' (oder eine andere frühe niedrigbleibende Heidelbeere)

1. Baue den Hochbeetrahmen zusammen und markiere mit ihm das Loch, das du ausheben musst, indem du mit dem Spaten an der Innenseite des Rahmens entlang stichst. Nimm den Rahmen weg und hebe ein ca. 30 cm tiefes Loch aus.

2. Schneide die Teichfolie so zu, dass die Streifen 40 cm lang und jeweils etwas breiter als die Rahmenseite, an die sie genagelt werden, sind. Die Folie soll in den Ecken überlappen, damit keine Erde von außen reingeschwemmt werden kann, nach unten ist sie offen. Du benötigst also zwei Folienstücke ca. 1,40 x 0,40 m und zwei Stücke 1,00 x 0,40 m. Befestige die Folie mit den U-Nägeln ca. 10 cm unter der Oberkante des Holzrahmens. An den Ecken, wie gesagt, gut überlappen lassen.

3. Jetzt füllst du die torffreie Rhododendron-Erde ein. Platziere die hohe Heidelbeere so, dass sie den niedrigen möglichst wenig Schatten macht, achte dafür auf den Lauf der Sonne. Die niedrigen Heidelbeeren verteilst du dann davor.

4. Gieße deine Sträucher gut an, am besten mit Regenwasser. Stark kalkhaltiges Leitungswasser ist aufgrund des pH-Wertes für Heidelbeeren nicht zu empfehlen.

Da wir große Heidelbeer-Fans sind, haben wir ein **zweites Moorbeet** mit einer Größe von 0,60 x 0,80 m angelegt. Hier passt eine hohe und eine niedrige Sorte rein. Mit insgesamt fünf Heidelbeersträuchern können wir unseren Bedarf an den leckeren Beeren gut decken.

Himbeeren tragen auch an leicht schattigen Standorten reichlich Beeren.

ein gesundes Wachstum und damit sie leckere aromatische Früchte tragen, eine saure Erde. Der ph-Wert sollte zwischen 3,5 und 4 liegen. In den meisten Gartenböden liegt er in der Regel höher. Auf Seite 12 erfährst du, wie du den ph-Wert deines Bodens messen kannst und was das Ergebnis für deinen Garten bedeutet.
Wenn du in deinem Garten reichlich Heidelbeeren ernten willst, musst du sehr wahrscheinlich ein Moorbeet anlegen. Wie das geht, siehst du auf Seite 82.
Durch die Kombination von frühen und späten Heidelbeeren verlängerst du dein Erntefenster. Die frühe Sorte reift bereits Ende Juli, die späte folgt dann im August. Und durch die Kombination von einer hohen und einer niedrigen Sorte hast du den Platz in deinem Moorbeet optimal ausgenutzt.

HIMBEEREN VON SOMMER BIS HERBST

Himbeeren sind das perfekte Beerenobst für kleine Gärten. Sie brauchen wenig Platz, du kannst sie direkt an deinen Zaun pflanzen und wenn du die Sorten geschickt kombinierst, von Juni bis Oktober aromatische Himbeeren ernten.
Es gibt bei den Himbeeren verschiedene Sorten, die unterschiedlich gepflanzt, gepflegt und zu unterschiedlichen Zeiten geerntet werden.

Sommer-Himbeeren

Die Sträucher tragen bereits ab Mitte Juni Früchte. Sie werden sehr hoch, deshalb brauchen sie auf jeden Fall ein stützendes Gerüst. Wir nutzen sie am Zaun als leichten sommerlichen Sichtschutz. Da unser Zaun nicht hoch genug ist, um die Himbeeren zu stützen, sie werden ca. 2 m hoch, haben wir ein Rankgitter aus rostigem Stahl hinter den Sträuchern angebracht. Das ist auch ohne die Himbeeren als Sichtschutzelement dekorativ (siehe S. 110).. Die einzelnen Himbeer-Ruten werden daran mit papierummantelten Drahtbindern befestigt. Pro Meter brauchst du drei Pflanzen, der Pflanzstreifen sollte ca. 40 cm tief sein.
Den Fußraum der schlanken Ruten beschatten Ringelblumen. Sie halten den Boden und deine Himbeeren gesund, indem sie schädliche Nematoden vertreiben. Ihre Blüten kannst du ernten und Tee, falschen Safran oder Ringelblumensalbe daraus herstellen.

Süße Zaungäste

1

2

1. Sommer-Himbeeren kannst du bequem im Stehen ernten.

2. Herbst-Himbeeren bleiben schön niedrig und benötigen nicht unbedingt eine Stütze.

Herbst-Himbeeren

Die Beeren reifen erst im August, die Sträucher bleiben sehr kompakt und niedrig. Im Gegensatz zu den Sommer-Himbeeren brauchen sie nicht unbedingt eine Stütze.
Wir haben sie am Zaun entlang gepflanzt und in unser essbares Staudenbeet integriert.

Twotimer-Himbeeren

Diese Sorten tragen zweimal im Jahr. Die Ruten werden nicht so hoch wie die der Sommer-Himbeeren, dafür wachsen sie etwas mehr in die Breite. Als Sichtschutz taugen sie daher nicht, aber sie garantieren eine lange Erntezeit. Twotimer brauchen eine Stütze. Befestige dafür einfach eine zugeschnittene Estrichmatte an vier Pfosten auf einer Höhe von ca. 50 bis 60 cm. Die Ruten wachsen durch das Gitter und bekommen so Halt. Du kannst dennoch bequem ernten und auch die Sträucher zurückschneiden.

Keine Angst vor dem Rückschnitt

Damit deine Himbeeren gesund bleiben und jedes Jahr eine fette Ernte bringen, musst du sie regelmäßig zu-

Lass die abgeschnittenen Ruten eine Weile im Beet liegen, dann können die darauf wohnenden **Nützlinge** auf die neuen Ruten klettern.

rückschneiden. Für die verschiedenen Sorten gelten verschiedene Schnittregeln, aber keine Angst, es ist wirklich ganz leicht.

– **Sommer-Himbeeren** tragen an den zweijährigen Ruten. Schneide Ruten, die Beeren getragen haben, nach der Ernte, irgendwann im August, bodennah ab. Die Ruten ohne Beeren lässt du stehen, sie werden im nächsten Jahr Früchte tragen. Wenn es zu viele sind, kannst du sie ausdünnen. Schneide sie dafür bodennah ab. Pro Meter sollten nicht mehr als acht bis zehn Ruten wachsen.

– **Herbst-Himbeeren** tragen an den einjährigen Ruten. Hier ist der Schnitt noch unkomplizierter. Du schneidest einfach alle Ruten bodennah ab. Der richtige Schnittzeitpunkt ist von Februar bis März. Bitte nicht im Herbst schneiden. Solange die Herbst-Himbeeren noch Blätter haben, versorgen sie die Pflanze darüber mit Energie und du bekommst eine bessere Ernte im nächsten Jahr.

– **Twotimer-Himbeeren** sind eine Mischung aus Herbst- und Sommer-Himbeeren. Sie vereinen quasi das Beste aus zwei Welten in sich und

1

2

3

1. Im Jahr der Pflanzung ist die Ernte bei Johannisbeer-Hochstämmchen noch überschaubar, aber das wird.

2. Binde das Hochstämmchen flexibel mit einer Achterschlaufe an.

3. Bei uns stehen die Hochstämmchen rechts und links vom Eingang.

4. Nach der Ernte werden die abgetragenen Ruten zurückgeschnitten.

fruchten an den einjährigen Trieben im oberen Bereich und an den zweijährigen im unteren. Hört sich komplizierter an, als es ist. Von Ruten, die Beeren getragen haben, schneidest du im März den Teil, der getragen hat, ab. Das ist etwa das obere Drittel. Sie werden im laufenden Jahr im unteren Bereich Früchte tragen. Danach schneidest du sie bodennah ab.

HOCH HINAUS: JOHANNISBEER-HOCHSTÄMMCHEN

Bei wenig Platz sind Hochstämmchen eine super Alternative und dekorativ sind sie noch dazu. Wir haben am Garteneingang rechts und links ein Johannisbeer-Hochstämmchen gepflanzt. Im Frühjahr ziehen sie mit ihren Blüten Bienen an und im Sommer versorgen sie uns mit leckeren

4

Johannisbeeren. Du kannst wählen zwischen milden Weißen, säuerlichen Roten oder herben Schwarzen Johannisbeeren. Meine Wahl ist auf die Schwarzen Johannisbeeren gefallen, ich bin ein großer Fan des herben Cassis-Aromas. Auch die Blätter verströmen es und wenn ich den Garten betrete, reibe und schnuppere ich immer ein bisschen daran.

Hochstämmchen pflanzen

Wenn du ein Hochstämmchen im Topf kaufst, kannst du es jederzeit pflanzen. Die besten Aussichten auf eine Ernte im ersten Jahr hast du aber, wenn du im Frühjahr pflanzt. Für wurzelnackte Hochstämmchen ist die beste Pflanzzeit im Herbst. In beiden Fällen gilt: Grabe ein doppelt so breites und tiefes Pflanzloch aus, wie der Topf bzw. die Wurzeln benötigen. Lockere die Erde gut auf, gib etwas organischen Biodünger ins Pflanzloch und arbeite ihn unter. Bei Topfware solltest du die Wurzeln etwas auflockern oder mit dem Messer anritzen, das fördert das spätere Einwurzeln. Platziere dein Hochstämmchen im Pflanzloch, gib ihm direkt einen stabilen Pflanzstab, fülle das Pflanzloch mit Erde auf und gieße kräftig an. In den ersten ein bis zwei Wochen solltest du darauf achten, dass die Erde rund um dein Hochstämmchen gut feucht ist. Danach musst du nur noch bei anhaltender Trockenheit gießen. Die Hochstämmchen sind bei uns mit Kräutern und einjährigen Sommerblumen unterpflanzt, so wird auch der Platz unter ihnen optimal genutzt.

So bleibt dein Hochstämmchen in Form

Wenn du dein Hochstämmchen regelmäßig schneidest, bleibt es vital und du kannst dich etwa 15 Jahre lang über gute Ernten freuen. Je nachdem, ob du dich für Weiße, Rote oder Schwarze Johannisbeeren entschieden hast, gelten unterschiedliche Schnittregeln für dein Hochstämmchen.

– **Weiße und Rote Johannisbeeren** tragen am zwei- und dreijährigen Holz am besten. Ältere Triebe werden bis auf kleine Stummel im Kroneninneren entfernt. Das Alter der Triebe erkennst du an der Farbe – je dunkler, desto älter. Ich schneide Johannisbeere direkt nach der Ernte im Sommer, du kannst den Schnitt aber auch im Frühjahr vor dem Austrieb vornehmen.

– **Schwarze Johannisbeeren** tragen am einjährigen Holz am besten, das heißt, du entfernst einfach alle Triebe, die in diesem Jahr Früchte getragen haben, an der Basis.

Frisch gepflanzte Hochstämmchen haben nur junges Holz, daher musst du sie die ersten beiden Jahre **nicht schneiden**.

ERDBEEREN – KANN MAN ZU VIELE DAVON HABEN?

Also ich glaube nicht, deshalb haben wir richtig viele in unserem Garten untergebracht. Die erste reife Erdbeere sonnenwarm vom Strauch gepflückt ist jedes Jahr ein besonderer Moment, auf den ich mich lange freue.

Niedrige Sorten

Die niedrigen Erdbeersorten sind wunderbar zum Einfassen von Beeten geeignet. Sie brauchen wenig Platz und bilden in unserem Staudenbeet einen hübschen und leckeren Abschluss zum Weg hin. Wenn du Sorten kombinierst, die zu verschiedenen Zeiten reif werden, kannst du über viele Wochen ernten. Ob du dich komplett mit Erdbeeren selbst versorgen kannst, hängt davon ab, wie sehr du die roten Früchte liebst. Wir schaffen es jedenfalls nicht, unsere Erdbeerliebe ist einfach zu groß.

Erdbeeren pflanzen

Der optimale Zeitpunkt zum Pflanzen von Erdbeeren ist der August. Also wenn du deinen Garten zufällig um diese Zeit anlegst, ist das perfekt. Aber du kannst Erdbeeren auch gut im Frühjahr pflanzen. So habe ich das gemacht. Die Jungpflanzen brauchen einen Abstand von ca. 30 cm untereinander. Das Herz der Pflanze muss über der Erde liegen, sonst fault es und du wirst gar nichts ernten. Sobald die Erdbeeren blühen, mulche ich sie mit Stroh. Das hält zum einen die Erde schön

1

2

3

4

1. Die erste Erdbeere im Jahr ist immer ein Fest.

2. Wurzelballen vor dem Pflanzen etwas aufbrechen, dann wächst die Jungpflanze besser an.

3. Nicht zu eng pflanzen, 30 cm Abstand sind optimal.

4. Sobald die Pflanzen blühen, Stroh darunter verteilen.

1

2

Tinder-Match: Erdbeeren und Knoblauch

Stecke im Frühling zwischen jede Erdbeerpflanze eine Knoblauchzehe. Die Ausscheidungen der Knoblauchknollen halten Pilzerkrankungen von Erdbeeren fern und nach der Erdbeerernte kannst du noch dicke Knoblauchknollen ernten. Knoblauchblüten sehen wunderschön aus. Schneide sie aber besser ab, solange sie noch gebogen sind, dann werden die Knollen dicker.

1. Gesunde Pflanzen dank Knoblauch in der Nachbarschaft

2. Erdbeerkindel abschneiden, damit die Kraft in die Pflanze geht und nicht in die Ableger.

feucht – Erdbeeren brauchen viel Wasser, wenn sie reichlich tragen sollen –, zum anderen liegen die Früchte dann nicht auf der Erde. So bleiben sie sauber und faulen nicht so schnell.

Schutz vor hungrigen Vögeln

Erdbeeren sind bei Amseln ausgesprochen beliebt und – wie ich in unserem Beispielgarten feststellen konnte – auch Eichhörnchen finden die Früchte richtig lecker. Dafür müssen sie nicht mal rot sein. Sieht wirklich putzig aus, wie das Eichhörnchen die Beere in den Pfoten hält und genüsslich aufknabbert. Gegen all diese Mitesser hilft am besten ein stabiles Schutznetz. Du kannst es ausbringen, sobald sich Früchte gebildet haben. Ich habe mich gegen ein Schutznetz entschieden und lieber Windräder zwischen die Erdbeerpflanzen gesteckt. Das sieht hübscher aus, bietet aber nur bedingten Schutz, solange der Wind weht. Eine andere Möglichkeit sind flatternde, glitzernde Bänder an Stöcken. Bring sie erst aus, kurz bevor die Beeren reifen. Vögel gewöhnen sich schnell daran und dann ist der Abschreckungseffekt nicht mehr gegeben.

Nach der Ernte

Sobald sich keine neuen Früchte mehr bilden, fangen die Erdbeerpflanzen mit der Produktion von Nachwuchs an. Die Ablegerbildung kostet die Pflanze Kraft, die sie besser in neue Fruchtansätze stecken soll. Also entferne die Ableger regelmäßig an der Basis. Im August solltest du auch alte Blätter radikal entfernen. Lass nur das Herz der Pflanze stehen und versorge sie mit einer Portion organischem Biodünger. Sie legen nämlich jetzt schon die Fruchtknoten für die Ernte im nächsten Jahr an. Entferne dazu das Stroh unter den Pflanzen und arbeite den Dünger leicht mit einer Harke in die Erde ein. Wenn kein Regen angesagt ist, bitte kräftig gießen, dann wirkt der Dünger schneller.

Ich habe einmal einen Versuch mit wurzelnackten gekühlten Erdbeerpflanzen, sogenannten **Frigo Erdbeeren**, unternommen, der war aber nicht sehr erfolgreich. Sie sind schlecht angewachsen und haben sich nur zögerlich entwickelt. Deshalb rate ich lieber zu gut entwickelten Jungpflanzen aus der Gärtnerei oder dem Gartencenter.

Windräder halten gefräßige Vögel von den Beeren fern – vielleicht.

STAUDEN UND SOMMER-BLUMEN

VON BRAUN AUF FARBE

Die ersten Wochen macht das Staudenbeet wirklich nicht viel her, aber das ändert sich schneller, als du denkst.

Das Beet im Juni

Das Staudenbeet

Jetzt wird es bunt. Stauden bringen Farbe in unseren Garten, frei nach dem Motto „Das Auge gärtnert mit“. Die Blumen sind nicht nur schön anzusehen, sie füllen auch unsere Vase und unseren Teller. Die meisten Blüten sind essbar und zwischen den Farben versteckt sich noch leckeres Obst und Gemüse.

STAUDEN PFLANZEN

Ich habe das Staudenbeet Anfang April angelegt und dafür Stauden in kleinen Töpfen gekauft. Die machen am Anfang nicht viel her. Außer ein paar Blättchen ist nichts zu sehen. Sie wachsen aber viel besser und zuverlässiger an als Stauden, die du blühend in großen Töpfen kaufen kannst. Sie sind außerdem deutlich günstiger. Von Nachteil ist vielleicht, dass du die spätere Größe der Stauden und damit die notwendigen Abstände im Beet schlechter abschätzen kannst. Halte dich am besten, auch wenn es mit Blick auf die winzigen Pflänzchen schwerfällt, an die Angaben auf den Pflanzschildern. Mit blühenden Stauden ist das sicher einfacher, da ist das Beet gleich voll. Allerdings werden blühende Stauden oft mit Stauchungsmitteln behandelt, damit sie bereits bei geringer Höhe im Topf blühen. Im nächsten Jahr erlebst du dann eine Überraschung, wenn die Pflanze doppelt so hoch wird. Letztlich hängt die Wahl für kleine Stauden oder bereits blühende Pflanzen auch davon ab, zu welchem Zeitpunkt du deinen Garten anlegen möchtest und wie schnell es üppig aussehen soll. Ich rate zu Geduld und dazu, die Lücken im ersten Jahr günstig mit einjährigen Sommerblumen zu füllen (siehe S. 103).

BLÜTEN FÜR BIENEN, VASE UND TELLER

Außer den Blüten der Duft-Wicke sind alle Blüten in unserem Staudenbeet essbar.

Von wegen Minzen

Hinter den Erdbeeren habe ich zunächst ein Band aus niedriger Katzenminze ('Purrsian Blue') und Bergminze ('Triumphator', 'Blue Cloud') in den Farben Weiß und Lila gepflanzt. Die Blüten der Katzenminze eignen sich zur Dekoration von Speisen. Aus Blättern und Blüten der Bergminze kannst du einen leckeren Tee zubereiten. In der Vase sehen beide toll aus. Mit Minzen sind sie allerdings nicht nah verwandt.

Beetrand

Auf die Randbepflanzung aus Erdbeeren bin ich bereits auf Seite 88 im Detail eingegangen.

Den ganzen Sommer über duftet das Staudenbeet wunderbar und liefert dir das ein oder andere Sträußchen für die Vase.

Pinzieren für mehr Blütenfülle

Bei Agastachen, Duft-Wicken und Kosmeen zwicke ich den Haupttrieb, sobald die Pflanze etwa handhoch ist, direkt über einem Blattpaar ab. Das sorgt dafür, dass sich die Pflanze besser verzweigt und ich am Ende viel mehr Blüten bekomme. Das kannst du übrigens auch mit den Dahlien im Kräuterbeet und am Bohnen-Tipi machen.

Rosenpracht

Für größere Farbtupfer sorgen zwei Rosen mit apricotfarbenen Blüten. Die Sorte 'Polka' ist mehrfach blühend, ihre Blüten verströmen einen intensiven fruchtig-süßen Geruch. Natürlich kannst du hier auch jede andere Rose pflanzen. Dein Geschmack entscheidet. Rosenblüten sind grundsätzlich essbar. Wenn du sie blühend kaufst, würde ich nur warten, bis sich neue Blüten gebildet haben, die sicher nicht chemisch behandelt wurden.

Agastachen – Duftnesseln

Zwischen den Rosen verteilt sorgen mehrere Agastachen für Höhe. 'Black Adder' und 'Blue Fortune' sind meine liebsten Sorten. Sie werden zwischen 70 und 100 cm hoch. 'Orange Nectar' wird mit 60 cm nicht ganz so hoch, duftet dafür aber besonders gut. Agastachen sind nur bedingt winterhart, versamen sich aber, wenn ihnen der Standort zusagt, sehr gut. Du kannst auch im Herbst Samen sammeln und sie im Frühjahr in Töpfen vorziehen. Sobald alle Blätter welk sind, schneidest du die Pflanzen bodennah zurück. Wenn du in einer Region mit kalten Wintern wohnst, solltest du sie bis zum Frühjahr mit einer dicken Mulchschicht schützen. Blüten und Blätter von Agastachen sind essbar und schmecken lecker im Tee.

Sonnenhüte

In unserem Staudenbeet ist Platz für eine Lieblingsstaude von mir. Sonnenhüte sind herrlich unkompliziert. Sie blühen von Juli bis Oktober und selbst im Winter geben die vertrockneten Blütenstände dem Garten Struktur. Außerdem freuen sich Vögel über die darin enthaltenen Samen. Passend zum Farbkonzept habe ich drei unterschiedliche Sorten gepflanzt: 'White Swan' in Weiß, 'Rainbow Marcella' in zartem Orange und eine grüne Sorte, 'Green Twister'. Sonnenhüte sind winterfest und recht anspruchslos. Ich schneide die Reste im Frühjahr zurück und arbeite etwas organischen Biodünger in den Boden ein. Mehr brauchen sie nicht für den Start ins neue Jahr.

Mehr als Lückenfüller

Die noch vorhandenen Lücken fülle ich mit vorgezogenen einjährigen Kosmeen. Richtig hübsch sind die Sorten 'Cupcake Blush' und 'Apricot Lemonade'. Am besten ziehst du sie im März

Staudentöpfe aufbewahren

Die quadratischen Staudentöpfe eignen sich sehr gut zur Anzucht von Gemüse mit großen Keimblättern wie Zucchini. Auch Pflanzen, die lange im Topf stehen, bevor sie ins Beet dürfen wie Tomate und Paprika, sind darin bestens aufgehoben.

Sonnenhut 'White Swan' und der etwas ungewöhnlichere 'Green Twister'

Duft-Wicken für die Vase

Schneide dir regelmäßig Duft-Wicken für die Vase. Lass sie auf jeden Fall keine Samen bilden, denn dann hören sie auf zu blühen.

auf der Fensterbank vor. Sobald nach den Eisheiligen die Frostgefahr gebannt ist, ziehen sie ins Beet um.

NUTZE DIE VERTIKALE

Die Rankhilfen aus Cortenstahl kennst du bereits aus dem Kräuterbeet. Sie vergrößern deine Anbaufläche in der Vertikalen und geben deinem Beet Struktur. Ich habe im Staudenbeet das gleiche Prinzip angewendet und sie mit etwas Essbarem und etwas Blühendem bepflanzt. Platziere sie so, dass du zum Ernten vom Beetrand aus oder mithilfe von Trittplatten gut an die Rankhilfen rankommst.

Zuckererbsen und Duft-Wicken

Die Zuckererbsen legst du im März rund um die Rankhilfe etwa 1 bis 2 cm tief in die Erde. Decke sie mit Reisig ab, Vögel sind ganz verrückt nach den Samen. Sobald die Erbsen gekeimt sind, kannst du das Reisig wieder entfernen.
Gleichzeitig mit den Zuckererbsen säest du die Duft-Wicken in tiefen Töpfchen aus und stellst sie auf eine helle, warme Fensterbank. Sobald sie keimen, kannst du sie kühler, aber weiterhin so hell wie möglich stellen. Sie dürfen keinen Frost abbekommen. Mitte Mai, kannst du wahrscheinlich schon die ersten Zuckererbsen ernten. Jetzt pflanzt du die vorgezogenen Duft-Wicken ebenfalls an die Rankhilfe, am besten direkt an die vertikalen Stäbe. Binde sie daran fest. Duft-Wicken müssen gerade nach oben geleitet werden, damit sie viele Blüten bekommen.

Reisig hält scharrende Vögel von deinen Zuckererbsen fern. Sobald sie gekeimt sind, kannst du das Reisig entfernen.

1. Die Duft-Wicken bringen Höhe und Leichtigkeit in dein Staudenbeet.

2. Minigurken sehen aus wie Miniatur-Wassermelonen und schmecken säuerlich frisch.

Wenn deine Zuckererbsen abgeerntet und unansehnlich sind, fangen die Wicken an zu blühen. Du kannst die Erbsenranken vorsichtig entfernen, aber pass auf, dass du dabei nicht die Ranken der Duft-Wicken beschädigst.

Mexikanische Minigurken und Duft-Wicke

An der anderen Rankhilfe kombinieren wir die Mexikanische Minigurke mit Duft-Wicken. Die Minigurke kaufst du am besten als Jungpflanze im Gartencenter. Die Duft-Wicken ziehst du wie im Kasten beschrieben vor. Beides pflanzt du dann Mitte Mai zusammen an die Rankhilfe. Die Mexikanische Minigurke braucht eine Weile, bis sie in die Gänge kommt, also keine Sorge, wenn sie zunächst wenig wächst. Sie bildet wunderschöne filigrane Ranken und ihre Früchte erinnern an winzige Melonen. Du kannst sie vom Beet in den Mund ernten. Sie schmecken erfrischend und säuerlich. Halbiert machen sie sich gut im Salat oder anstelle einer Gurkenscheibe im Gin.

'PIMIENTOS DE PADRON' UND CHILI

Entlang der Trittsteine habe ich zwei 'Pimientos de Padron' und eine Chili gepflanzt. Du kaufst sie am besten im Gartencenter. Vorziehen lohnt sich bei so wenigen Pflanzen nicht und du müsstest auch sehr früh damit anfangen. Sie dürfen erst nach den Eisheiligen ins Beet. Gib etwas organischen Biodünger mit ins Pflanzloch und arbeite ihn unter, damit die Wurzeln nicht direkt mit dem Dünger in Be-

Duft-Wicken im Herbst vorziehen

Duft-Wicken gehören zu den sogenannten Cool Flowers (siehe S. 105), du kannst sie auch bereits im Herbst für das nächste Jahr vorziehen. Dazu die Wicken im September in tiefe Töpfe säen. Die warmen Temperaturen sorgen dafür, dass sie gut und zuverlässig keimen. Sie werden in den Töpfen im Freien überwintert, brauchen aber einen etwas geschützten Standort. Bei Frost musst du sie mit einem Wärmevlies abdecken.

1

Kohl blühen lassen

Kohlpflanzen, die du nicht über Winter abertest, fangen im Frühjahr an zu blühen. Sie bekommen eine richtige Wolke aus kleinen gelben Blüten und machen damit deinen Stauden Konkurrenz. Bienen sind ganz verrückt nach den Blüten und wenn du sie bis Juli stehen lässt, kannst du eigenes Saatgut ernten.

2

1. Für die Ernte im Winter pflanzen wir Grünkohl ins Staudenbeet.

2. Sieht schärfer aus, als sie ist. Du kannst die Pflanze ausgraben und im Haus überwintern.

rührung kommen. Stecke auch gleich einen stabilen Pflanzstab mit ins Pflanzloch und binde die Pflanzen daran fest. Sie werden hoch und sind anfällig gegen Wind.

Ab Juli kannst du mehrmals die Woche 'Pimientos de Padron' ernten. Sie schmecken super lecker mit Olivenöl in der Pfanne gebraten und mit grobem Meersalz bestreut.

Bei der Chilipflanze kommt es auf die Sorte an, die du dir ausgesucht hast. Sie reifen zu ganz unterschiedlichen Zeiten, meist aber erst spät im Jahr. Ernte sie unbedingt vor dem ersten Frost.

Chili überwintern

Du kannst deine Chili überwintern, indem du sie im Herbst ausgräbst und in einen Topf umpflanzt. Ernte vorher alle Früchte und schneide die Pflanze um ein Drittel zurück. In den ersten beiden Wochen den Topf feucht halten, dann weniger gießen. An einen hellen, nicht zu warmen Ort stellen.

PALMEN IM WINTER

Im August, nachdem der Knoblauch zwischen den Erdbeeren geerntet ist, bekommen die Erdbeerpflanzen Gesellschaft von vorgezogenem oder

gekauftem Grün- und Palmkohl. Wenn du die Pflanzen selbst vorziehen willst, musst du Mitte Juni bis Anfang Juli damit beginnen. Säe sie am besten direkt in ca. 9 cm große Töpfe mit torffreier Erde. Feucht halten, bis die Samen keimen, und auch danach nicht austrocknen lassen. Das ist bei sommerlichen Temperaturen schnell passiert.
Er wird dann im August etwas hinter den Erdbeeren gepflanzt. Gib ihm etwas organischen Biodünger für einen guten Start ins Pflanzloch. Gut unterarbeiten, damit die Wurzeln nicht direkt mit dem Dünger in Berührung kommen.
Je nachdem, wie groß deine Pflanzen werden, brauchen sie einen Stützstab. Der Wind im Winter kann ja schon mal etwas stärker werden. Das Praktische an diesen Kohlsorten ist, dass du blattweise, immer nach Bedarf, ernten kannst. Aber bitte nur an frostfreien Tagen. Bei starkem Frost schützt du die Pflanzen am besten mit einem Wärmevlies.

DER NÄCHSTE FRÜHLING KOMMT BESTIMMT

Wenn du willst, dass er bunt wird, solltest du im September oder Oktober Frühlingsblüher wie Tulpen, Krokusse oder Narzissen zwischen den Stauden in deinem Beet versenken. Sie wirken am besten in kleinen Gruppen von fünf bis 15 Zwiebeln. Ich werfe sie einfach ins Beet und vergrabe sie dort, wo sie hinfallen, das wirkt am natürlichsten. Als Faustregel gilt: immer doppelt so tief vergraben, wie die Zwiebel dick ist. Tulpenblüten sind übrigens essbar, die Blüten von Krokussen und Narzissen nicht.

Beim Setzen der Tulpenzwiebeln freue ich mich immer schon auf den nächsten Frühling.

ZAUBERHAFTE LÜCKENFÜLLER

An den Papiergänseblümchen hast du im Beet und in der Vase lange Freude. Sie bilden immer wieder neue Blüten in allen Schattierungen zwischen Weiß und Rosa.

Einjährige Sommerblumen

Mit ihnen kannst du super preiswert Lücken in deinem Garten füllen. Sie wachsen schnell, kommen rasch zur Blüte und sind beliebt bei Wildbienen, Hummeln und Schmetterlingen. Alle vorgestellten Arten lassen sich für die Vase schneiden. Nicht alle sind essbar, ich habe das bei den jeweiligen Sorten vermerkt.

Einfach unglaublich, wie viel Farbe und Freude in einem Saatgut-Tütchen mit einjährigen Sommerblumen steckt.

DIREKT SÄEN ODER VORZIEHEN

Rein theoretisch kannst du das Saatgut direkt im Beet ausstreuen, leicht einarbeiten, angießen und feucht halten, bis es keimt. Dafür muss dein Boden aber sehr gut vorbereitet sein. Die Erde sollte gut gelockert, möglichst feinkrümelig und weitgehend unkrautfrei sein. Vor allem Letzteres ist selten der Fall. Natürlich kannst du zwischen den Keimlingen aufgehendes Unkraut gezielt auszupfen. Das ist, falls du ein Gartenneuling bist, zum einen nicht ganz einfach. Du musst ja erstmal erkennen, was Unkraut ist und was nicht. Zum anderen ist es ganz schön zeitintensiv.
Ich würde daher eher zum Vorziehen und späteren Auspflanzen raten. Dann kannst du deine einjährigen Sommerblumen auch gezielt dort hinsetzen, wo du sie hinhaben willst. Ich fülle dazu kleine Töpfe Anfang April mit Anzuchterde, verteile wenige Samen pro Topf und halte das Ganze feucht, bis die Samen keimen. Sobald sich das erste richtige Blattpaar bildet, dürfen sie dann ins Beet umziehen. Dort pflanze ich immer mehrere Töpfe nah beieinander aus. Flächig gepflanzt wirken Sommerblumen am besten.

MEINE LIEBLINGSSORTEN

– Marokkanisches Leinkraut 'Peach' *(Linaria maroccana)*: Mein absoluter Favorit. Es blüht in vielen Farben und seine Blüten sehen aus wie winzige Löwenmäulchen. Wegen seines filigranen Wuchses lässt es sich mit vielen Stauden gut kombinieren und wirkt niemals dominant.
– Phlox 'Phlox of Sheep' *(Phlox drummondii)*: Blüht bereits im ersten Jahr in grandiosen Farben und macht sich so, so gut in der Vase. Den ganzen

1

2

3

Sommer über bilden sich immer wieder neue Blüten. Sie verströmen einen wunderbaren Duft und da sie essbar sind, kannst du sie sogar zum Dekorieren von Kuchen und Desserts verwenden.

– Russischer Meerlavendel 'Pink Pokers' *(Limonium suworowii)*: Diese einjährige Sommerblume bringt Bewegung ins Beet mit ihren lustigen rosafarbenen Würmchenblüten. Russischer Meerlavendel hat wenige Ansprüche an seinen Standort, solange er sonnig und nicht zu feucht steht, ist er glücklich. Die Blüten werten jeden Blumenstrauß auf und sind für Trockenblumensträuße gut geeignet.

– Papiergänseblümchen 'Giant Flower Mix' *(Helipterum roseum)*: Ihre rosafarbenen und weißen Blüten sehen aus wie große Gänseblümchen oder mehr noch wie ungefüllte Strohblumen, so fühlen sie sich auch an. Bei Regen schließen sie sich und öffnen sich wieder mit dem ersten Sonnenstrahl. Eine zauberhafte Sommerblume, wunderbar geeignet für Trockenblumensträuße.

Ich liebe Sommerblumen

4

1. 'Phlox of Sheep': Ich liebe sein Farbspektrum und dass er lange in der Vase hält.
2. Marokkanisches Leinkraut füllt noch die kleinste Lücke mit seinen zauberhaften Blüten.
3. Russischer Meerlavendel macht sich super in Trockenblumensträußen.
4. Das gilt auch für das wunderschöne Papiergänseblümchen.

SONDERFALL: COOL FLOWERS

Je nachdem, wann du damit beginnst deinen Garten zu planen und anzulegen, sind die sogenannten Cool Flowers eine Option für dich. Das sind einjährige Sommerblumen, die du aber auch zweijährig ziehen kannst. Sie werden im Spätsommer oder Herbst in Töpfe gesät und überwintern dann als Keimlinge an einem geschützten Ort. Ideal ist ein Gewächshaus oder ein Frühbeet. Du kannst sie aber auch unter einen Dachvorsprung stellen und in den frostigen Wintermonaten mit Wärmevlies abdecken. Wichtig ist, dass die Töpfe nicht austrocknen, aber auch nicht unter Wasser stehen und eben bei Frost etwas geschützt werden.
Sobald die Temperaturen steigen, werden deine Cool Flowers zu kräftigen Pflanzen heranwachsen, die du dann zeitig im Frühjahr ins Beet umsiedeln kannst. Sie erfreuen dich deutlich früher mit üppigen Blüten als im Frühling vorgezogene Pflanzen der gleichen Sorte.

1

2

1. Löwenmäulchen sind meine All-time-Klassiker, sie blühen bis in den Herbst hinein.

2. Jungfer im Grünen, wunderhübsche und dabei völlig unkomplizierte Cool Flowers

Meine liebsten Arten

– **Löwenmäulchen** *(Antirrhinum)*: Ich habe mich als Kind stundenlang damit beschäftigt, die Mäulchen aufzudrücken. Löwenmäulchen säen sich auch selbst im Garten aus, es lohnt sich also, wenn du dir merkst, wie sie als Keimling aussehen. Wenn sie etwa eine Handbreit hoch sind, solltest du sie pinzieren (siehe S. 96), damit sie sich verzweigen und mehr Blüten bilden

– **Feldrittersporn** *(Consolida)*: Nicht verwechseln mit dem klassischen Rittersporn *(Delphinium)*. Feldrittersporn ist einjährig, sät sich aber sehr leicht selbst aus, wenn er einmal im Garten ausgepflanzt wurde. Mein Favorit ist die Sorte 'Misty Lavender', die Farbe ist einfach nur schön. Achtung: Die Blüten sind NICHT essbar.

– **Strahlen-Breitsame** *(Orlaya grandiflora)*: Auch bekannt als Großblütige Strahlendolde und völlig zu Unrecht in unseren Gärten kaum verbreitet. Lass uns das ändern. Wenn du sie Anfang August in Töpfen aussäst, können sie bereits Ende September ins Beet umziehen und dort ohne Schutz überwintern. Die ersten Blüten zeigen sich dann im Mai. Alternativ ziehst du sie im Januar vor und pflanzt sie im März ins Beet.

– **Levkojen** *(Matthiola incana)*: Ich liebe sie wegen ihres intensiven Dufts. Leider bilden sie nur einen Blütenstängel, das heißt, wenn du sie für die Vase schneidest, kommt auch nichts mehr nach. Dennoch möchte ich nicht auf sie verzichten. Gesät wird im September, sie müssen geschützt überwintern und werden Ende März ausgepflanzt. Ab Mai erfreuen sie dich dann mit ihrem Duft und ihren zauberhaften Blüten.

SCHÖNE KOMBI
Feldrittersporn und Levkojen

ORLAYA

BLUMENSTRÄUSSE ERNTEN
Nahrung für die Seele

GARTEN-GRENZEN

SICHTSCHUTZ KANN AUCH LECKER SEIN

Wir haben die hohen Sommer-Himbeeren an ein dekoratives Rankgitter gepflanzt, das auch im Winter, ohne Himbeerranken, gut aussieht.

Der essbare Zaun

Wir haben nicht viel Platz, also lass ihn uns gut nutzen. Dazu gehört, dass wir die Vertikale miteinbeziehen. Rund um deinen Garten gibt es wahrscheinlich einen Zaun und der ist, je nach Material, Höhe und Ausführung, ganz wunderbar zum Anbau von Gemüse und Obst geeignet.

Herbst-Himbeeren machen sich gut als essbare Zaunbegrünung.

RANKHILFE UND STÜTZE

Der klassische Maschendrahtzaun zum Beispiel gewinnt optisch durchaus, wenn Gemüse an ihm hochrankt. Ein Staketenzaun kann als Stütze für verschiedene Kulturen dienen. Höhere Sichtschutz-Elemente können, je nach Himmelsrichtung, auch mit essbaren Pflanzen begrünt werden.

ALLROUNDER: HIMBEEREN

Himbeeren sind perfekt zur Begrünung von Zäunen geeignet. Sie werden je nach Sorte zwischen 1 und 3 m hoch und tragen auch an halbschattigen Standorten reichlich leckere süße Beeren.

Herbst-Himbeeren als essbare Hecke

In unserem Beispielgarten haben wir einen Teil des Zaunes mit Herbst-Himbeeren bepflanzt. Du kannst natürlich auch den ganzen Zaun damit bepflanzen und die Himbeeren als essbare Hecke verwenden. Der Zaun dient dabei als Stütze für die Himbeerranken. Herbst-Himbeeren sind ausgesprochen unkompliziert in der Pflege. Alle Infos dazu findest du auf Seite 83 in dem Modul „Obststräucher“. Mit einer immergrünen Ligusterhecke, kann es die nur saisonal wachsende Himbeerhecke, was den Sichtschutz angeht, zwar nicht aufnehmen, dafür schenkt sie dir eine ganze Menge leckere Beeren.

Sommer-Himbeeren – saisonaler Sichtschutz

Auch mit den deutlich höheren Sommer-Himbeeren ist nur ein saisonaler Sichtschutz möglich, aber brauchst du außerhalb der Gartensaison, wenn du dich nicht mehr so lange im Garten aufhältst, wirklich einen Sichtschutz?

1

Beste **Pflanzzeit** ist der Herbst, Topfware kannst du aber auch rund ums Jahr pflanzen.

2

1. Im August ist Erntezeit bei unserer Brombeere. Sie hängt jedes Jahr unglaublich voll.

2. Von der ersten Ernte backe ich immer eine Tarte. So lecker!

Die Ranken der Sommer-Himbeeren jedenfalls erreichen eine Höhe von 2 bis 3 m. In unserem Beispielgarten haben sie das im ersten Jahr nicht geschafft, aber wenn die Pflanzen erst einmal gut etabliert sind, kriegen sie das hin. Ich habe sie an ein dekoratives Rankgitter gepflanzt, das auch ohne Himbeeren im Winter schön aussieht. Du kannst es dann zum Beispiel mit Lichterketten und anderem saisonalen Schmuck dekorieren. Informationen zur Pflege und zum Schnitt von Sommer-Himbeeren findest du auf Seite 83 bei den Obststräuchern.

VERSTECKEN HINTER BROMBEERHECKEN

Das klappt bei uns ganz gut. Die Brombeeren wachsen zwar nicht in unserem Beispielgarten, strukturieren aber den restlichen Garten und unterteilen ihn in verschiedene Gartenräume. Obwohl eine Brombeerhecke nicht absolut blickdicht ist, bietet sie einen guten Schutz vor neugierigen Blicken. Sie funktioniert so ein bisschen wie die Folien, durch die man zwar raus-, aber nicht reinschauen kann. Die Blätter verfärben sich im Herbst wunderschön und bleiben lange an den

Ranken hängen, sind also auch in der Jahreszeit ein optischer Gewinn. Von den Unmengen an Brombeeren in der Saison ganz zu schweigen.

Ohne Dornen – mit viel Aroma

Such dir eine Sorte ohne Dornen aus. Es gibt inzwischen viele Sorten, die gleichzeitig sehr aromatisch sind. Hier eine kleine Auswahl:

– 'Asterina': Eine neue Sorte, deren Früchte schon vor der Vollreife süß und aromatisch schmecken. Sie hat eine lange Ernteperiode und füllt deinen Erntekorb von Mitte Juli bis Ende September.

– 'Navaho': Diese Sorte hat einen aufrechten Wuchs und bildet sehr lange Ranken. Damit ist sie gut zum Begrünen von langen Zäunen geeignet. Die ersten reifen Früchte kannst du ab Ende Juli ernten und noch bis weit in den Herbst hinein.

– 'Little Black Prince': Wenn du nur einen niedrigen Zaun begrünen willst, dann ist das deine Sorte. Sie wird nur 1 m hoch, trägt dafür aber sowohl an den letztjährigen als auch an den diesjährigen Trieben. Das heißt für dich Brombeeren von Anfang Juli bis Oktober.

Immer schön den Überblick behalten

Die meisten Brombeersorten tragen an den vorjährigen Trieben. Das macht den Rückschnitt sehr einfach. Ich lasse jedes Jahr drei bis fünf kräftige neue Triebe stehen und schneide alle anderen bodennah ab. Die letztjährigen Triebe schneide ich erst im Frühjahr zurück. Sie sind durch die Reste der Fruchttrauben leicht von den neuen Trieben zu unterscheiden. Bei Sorten, die auch an den diesjährigen Trieben tragen, schneidest du die alten Triebe erst zurück, nachdem sie zum zweiten Mal getragen haben, dann aber direkt.

Wenn du ein Rankgerüst mit fünf bis sieben Querstreben baust, behältst du noch leichter den Überblick über das Alter deiner Brombeerranken. An jede zweite Querstrebe kommen die Ranken aus dem gleichen Jahr. So ist das Rankgerüst immer gleichmäßig belegt.

MIT OBST AUF AUGENHÖHE

Spalierbäume habe ich bereits beim Hausbaum (siehe S. 77) kurz vorgestellt. Du kannst sie wunderbar am Zaun entlang pflanzen und damit die Obsternte in deinem kleinen Garten erheblich erhöhen. In Kombination mit einem Staketen-

Hier wächst rechts neben der Brombeere eine Mini-Kiwi. Sie bietet mehr Durchblicke, aber ebenfalls sehr leckere Früchte.

Dieser Apfel-Spalierbaum steht in einem Schrebergarten bei uns um die Ecke, ein richtiges Prachtstück.

zaun wirken sie besonders gut. Die Staketen bilden im unteren Bereich einen Sichtschutz und das Spalierobst dann im oberen.
Fertig gezogene Spalierbäume bekommst du in darauf spezialisierten Baumschulen in verschiedenen Höhen und Breiten. Sie haben ihren Preis, aber dafür machen sie wenig Arbeit. Du musst ihnen nur ein stabiles Gerüst bauen und kannst dann bereits im Jahr nach der Pflanzung eine schöne Menge eigenes Obst ernten.

Eine Sorte oder viele?

Apfel, Birne, Kirsche, Pfirsich, Aprikose oder Pflaume? Du entscheidest. Bäume einer Sorte wirken bei der Gestaltung einer längeren Strecke einheitlicher. Die Spalieräste haben die gleiche Höhe und Optik. Andererseits bekommst du mit verschiedenen Obstsorten mehr Vielfalt auf den Teller. Stelle deine Lieblingssorten nach deinem Geschmack zusammen.

Wann und wie pflanzen?

Spalierobst wird in der Regel im Topf angeboten, das heißt, du kannst rund ums Jahr pflanzen. Am besten wächst der Baum jedoch an, wenn er im zeitigen Herbst oder im Frühjahr gepflanzt wird. Im Sommer ist der Aufwand wegen des Gießens sehr hoch. Der Baum braucht eine Weile, bis er eingewurzelt ist, und in dieser Zeit

muss er gut feucht gehalten werden. Außerdem solltest du stabile Rankgerüste für deine Spalierobstbäume bauen. Die Bäume sind zwar bei der Lieferung an eine Art Spalier gebunden, das ist aber nur provisorisch und nicht für die Dauer gedacht. Orientiere dich beim Anbringen der Querstreben an der Höhe der Äste des von dir gewählten Baums. Wenn du verschiedene Spalierobstsorten kombinierst, musst du einen Mittelweg finden oder die Höhe der Querstreben jeweils ändern. Schau, dass du dabei eine symmetrische Lösung findest. Das ist angenehmer für's Auge.

EIN KÜRBIS WILL HOCH HINAUS

Flaschenkürbisse als Zaunbegrünung bringen eine Menge Aufmerksamkeit von Nachbarn oder Spaziergängern mit sich. Ich weiß nicht, wie oft wir auf die prächtigen Kürbisse angesprochen wurden. Die Sorte heißt 'Trombetta di Albenga' und ich kann sie sehr empfehlen. Wie du siehst, wachsen an einer einzigen Pflanze eine ganze Menge Früchte. Jung kannst du den Kürbis wie Zucchini zubereiten. Ausgereift ist es ein lagerfähiger Kürbis. Die langen Hälse sind völlig ohne Kerne, sie lassen sich einfach schälen und in Scheiben schneiden. Der Geschmack ist leicht nussig und sehr aromatisch.

'Trombetta die Albenga'

Eine einzige Pflanze hat uns den ganzen Winter hindurch mit Kürbissen versorgt.

Pflanzabstand zum Nachbargrundstück

Wer Bäume pflanzen will, muss einen bestimmten Abstand zum Nachbargrundstück einhalten. Bei Spalierobstbäumen gelten diese Abstandsregeln nicht bzw. die erforderlichen Abstände sind viel kleiner.

VOM PFLANZTOPF IN DEN KOCHTOPF

Bei unserer Outdoorküche wächst Gemüse in Töpfen und Kübeln. Rechts von mir in der alten Blechmülltonne fühlen sich Süßkartoffeln wohl, den Kübel links von mir teilen sich Aubergine und Thymian.

Die Terrasse

Hast du eine große Terrasse? Großartig, damit kannst du deine Anbaufläche ganz einfach ausbauen. Es gibt eine Menge Gemüse- und Obstsorten, die gut in Töpfen wachsen. Manche sogar besser als im Garten ausgepflanzt.

EIN PLATZ AN DER SONNE

Die Terrasse eines Hauses ist meistens nach Süden oder Westen ausgerichtet und bietet so optimale Bedingungen für sonnenhungrige und wärmeliebende Kulturen. Tomaten, Paprika, Chili und Auberginen fühlen sich hier richtig wohl und auch Kräuter wie Rosmarin, Thymian und Majoran lieben den Platz an der Sonne. Wichtig ist, dass du ausreichend große Töpfe wählst und dein Gemüse gut mit Nährstoffen und Wasser versorgst.

DIE RICHTIGE TOPFGRÖSSE

– Tomaten brauchen einen Topf mit einem Volumen von mindestens 20 Litern.
– Paprika kommen mit 10 bis 15 Litern gut aus.
– Chili können klein bleiben, aber auch ganz schön groß werden – je nach Sorte brauchen sie zwischen 5 und 20 Litern Erde.
– Auberginen freuen sich über mindestens 15 Liter Erde, gerne auch mehr.
– Kräuter kommen auch in kleineren Töpfen gut zurecht, 5 Liter reichen in der Regel aus, sie kommen sogar in Balkonkästen klar.
– Heidelbeeren brauchen als Flachwurzler vor allem einen breiten Topf mit mindestens 30 Liter Volumen, bitte denk daran, hier saure torffreie Erde, zum Beispiel für Rhododendren, zu verwenden.
– Himbeeren und Brombeeren – es gibt Sorten, die für den Anbau im Topf geeignet sind – benötigen große 30-Liter-Kübel, wenn du viele Beeren ernten willst.
– Johannisbeer-Hochstämmchen können gut auf der Terrasse stehen, auch sie brauchen mindestens 30 Liter Topfvolumen.
– Süßkartoffeln gedeihen gut in Blechgefäßen von mehr als 30 Litern. Darin wird die Erde schön warm.

EIN LOCH IST IM EIMER

Hoffentlich sogar mehrere. Wenn du wie wir auf Blechgefäße vom Flohmarkt stehst, achte darauf, immer mehrere Löcher in den Boden zu bohren, damit ein guter Wasserabfluss gewährt ist. Ich fülle als unterste Schicht zusätzlich Tonkugeln zur Drainage ein.

1

2

3

1. Auberginen wachsen gut im Topf, weil sich dort die Erde schnell erwärmt.

2. Paprika und Chili im Topf kann man sogar im Haus überwintern.

3. Für große Fässer wie hier ist auf einer kleinen Terrasse wohl eher kein Platz.

4. Wasserspinat mag es gerne feucht und ist ansonsten anspruchslos.

5. Thymian, Olivenkraut, Zitronenverbene und Rosmarin gedeihen auch in kleineren Töpfen gut.

NICHT AN DER ERDE SPAREN

Wie viel du in deinem Topfgarten ernten wirst, hängt hauptsächlich von der Qualität der Erde in deinen Töpfen ab. Im Boden können sich Wurzeln metertief auf die Suche nach Nährstoffen und Wasser machen. In deinem Topf ist nach 30 bis 40 cm Schluss. Gemüse in Töpfen kann nur auf die Nährstoffe zugreifen, die in der Topferde vorhanden sind. Je nach Topfgröße ist dieser Vorrat in drei bis sechs Wochen verbraucht. Deshalb musst du regelmäßig für Nährstoffnachschub sorgen. Genauso sieht es mit dem Wasservorrat aus. Auch der ist im Topf schnell erschöpft. Neben einer regelmäßigen Gießroutine kannst du bereits im Vorfeld einiges tun, um die Wasserhaltefähigkeit der Topferde zu verbessern.

Gut mit Nährstoffen versorgen

Nach den ersten drei bis sechs Wochen solltest du die Starkzehrer Tomate, Paprika und Aubergine in

4

5

deinem Topfgarten wöchentlich mit einer kleinen Portion an neuen Nährstoffen versorgen. Dafür kannst du zum Beispiel einen organischen Bio-Flüssigdünger für Gemüse verwenden. Preiswerter wird es, wenn du einen Biodünger in Pelletform im Gießwasser auflöst und so zufügst. Du kannst die Pellets auch unter die Erde mischen, aber mangels Bodenleben im Topf werden die Nährstoffe darin nicht so schnell freigesetzt. Wenn du Jauche angesetzt hast (siehe S. 70), dann kannst du natürlich diese verwenden. Sehr gut geeignet ist auch die Flüssigkeit aus dem Bokashi-Eimer (fermentierte Küchenabfälle).

Kräuter sparsam düngen

Kräuter brauchen, bis auf wenige Ausnahmen, wenige Nährstoffe. Es reicht, wenn du sie alle zwei bis drei Wochen mit einer halben Portion Dünger versorgst.
Basilikum und Petersilie mögen gerne ein bisschen mehr Futter. Ich löse das, indem ich sie zu den Starkzehrern in die Töpfe pflanze. Basilikum als Unterpflanzung von Tomaten sieht im Topf gut aus und passt auch auf dem Teller perfekt zusammen.

WASSERHALTEFÄHIGKEIT VERBESSERN

Töpfe trocknen schnell aus, vor allem wenn die Sonne den ganzen Tag auf sie scheint. Den Pflanzen bekommt eine durchgetrocknete Erde überhaupt nicht gut. Sie werfen dann ihre Früchte ab oder bilden erst gar keine. Größere Töpfe trocknen nicht so schnell aus. Wähle also immer den größtmöglichen Topf. Stelle die Töpfe in Untersetzer, damit das Gießwasser nicht sofort wegläuft. Achte aber bitte darauf, dass die Pflanzen nicht ständig nasse Füße haben.
Um die Wasserhaltefähigkeit der Erde von vornherein zu verbessern, mische ich jeweils ein Teil Schafswollpellets, Urgesteinsmehl und Pflanzenkohle (bitte nicht verwechseln mit Holzkohle zum Grillen) unter meine Topferde. Alle drei sorgen dafür, dass die Erde länger feucht bleibt. Du kannst sie auch einzeln anwenden.

HORROR
GARTEN

GRUNDWISSEN FÜR GÄRTNER:INNEN

MEIN PFLANZEN-KINDERGARTEN

Hier warten die vorgezogenen Pflänzchen geduldig darauf, ins Beet umzuziehen. Ich finde die 12er-Mini-Gewächshäuschen für die Anzucht richtig praktisch.

Das Samenkorn – Ein kleines Kraftpaket

Dem Samenkorn sieht man wirklich nicht an, was alles in ihm steckt. Für mich ist es jedes Mal wieder ein Wunder, wenn daraus eine große kräftige Pflanze entsteht, die mir Früchte, Gemüse oder Blumen schenkt.

VORZIEHEN ODER DIREKT SÄEN

Damit auf dem Weg vom Samen zur Pflanze nichts schief geht, gilt es für dich bei der Aussaat ein paar Dinge zu beachten bzw. zu wissen.
Ich ziehe viele Gemüse in Aussaatschalen oder kleinen Töpfen vor. So kann ich die Aussaatbedingungen am besten kontrollieren. Dabei kalkuliere ich immer ein, dass nicht alle Samen aufgehen und säe ein wenig mehr aus, als ich später brauche. Für überzählige Pflanzen findet sich meist ein glücklicher Abnehmer.
Ein weiterer Vorteil beim Vorziehen: Du kannst damit schon beginnen, wenn der Platz im Beet noch gar nicht frei ist. Damit verkürzt du die Zeit, bis du wieder etwas ernten kannst. Meine Aussaat-Töpfchen stehen im Gewächshaus oder auf einem Tisch im Garten, dort kommen die Schnecken nicht so leicht ran. Ein halbschattiger Platz ist am Anfang am besten, damit die kleinen Gefäße während der Keimzeit nicht so schnell austrocknen. Wenn ein angekeimtes Samenkorn austrocknet, wird daraus nämlich leider keine Pflanze mehr.
Einige Gemüse- und Blumensorten lassen sich nicht gut vorziehen. Meist liegt das daran, dass sie lange Pfahlwurzeln ausbilden, die den Umzug vom Topf ins Beet nicht verzeihen. Das ist beispielsweise beim Mohn der Fall oder bei Möhren. Die säe ich dann direkt dorthin, wo sie später im Garten wachsen sollen.

DRINNEN ODER DRAUSSEN

Diese Frage bezieht sich ausschließlich auf das Vorziehen und die Antwort hängt von der Keimtemperatur der gewählten Sorte und dem Zeitpunkt ab, an dem du vorziehen möchtest. Wichtig ist auf jeden Fall, wenn du drinnen vorziehen möchtest

Je nach Sorte kommen ein oder zwei Samenkörnchen in eine Pflanzmulde. Den schwächeren Keimling reiße ich später raus.

1

1. Wenn du in Quadraten säst, bekommst du mehr verschiedene Sorten in deinem Beet unter.

2. Bohnen wachsen am besten bei Aussaat in Horsten, sie stützen sich dann gegenseitig.

3. Die Reihensaat ist der Klassiker unter den Aussaatmethoden.

4. Beachte die Angaben auf den Saatgut-Tütchen.

So viele Pflanzen passen in ein Quadrat

XS = 25	S = 16	M = 9	L = 4	X = 2	XL = 1	XXL = 0,5
Radieschen Schalotten	Asia-Salat Feldsalat Knoblauch Möhren Zwiebeln	Erbsen Mini-Pak Choi Rote Bete Spinat Tatsoi	Buschbohnen Kohlrabi Kopfsalat Mangold	Chinakohl Brokkoli Fenchel Gurken Kartoffeln	Aubergine Blumenkohl Chili Palmkohl Paprika Tomaten	Kürbis Melone Zucchini

brauchst du viel Licht. Je länger die Pflanzen in der Wohnung bleiben müssen (weil es draußen noch zu kalt ist), desto wichtiger wird ihre Versorgung mit Licht. Nur an einem sehr hellen Standort entwickeln sich kräftige Pflanzen. Oft geht das nicht ohne ein zusätzliches Pflanzenlicht.
Ich bin, bis auf wenige Ausnahmen, dazu übergegangen, lieber ein bisschen später und draußen zu säen oder Pflanzen, die wegen ihrer Kälteempfindlichkeit und langen Kulturdauer drinnen vorgezogen werden müssen, bei der Biogärtnerei meines Vertrauens zu kaufen.

AUSSAATMETHODEN

Wenn du direkt säst, hast du die Wahl zwischen verschiedenen Aussaatmethoden. Am gebräuchlichsten ist die Reihensaat. Dabei ziehst du eine gerade Saatrille in Beetbreite und streust die

Bohnen in Horsten säen

2

3

4

Samenkörner im passenden Abstand hinein. Weniger bekannt ist die Aussaat in Quadraten. Diese Methode hat den Vorteil, dass du die Gemüsemenge pro Quadrat leicht sofort verbrauchen kannst. Bei der Reihensaat wird, je nach Länge der Reihe, oft sehr viel Gemüse von der gleichen Sorte zur gleichen Zeit reif. Das passiert dir bei der Aussaat in Quadraten nicht.
Einige Gemüsesorten wachsen besser, wenn man sie in Horsten sät. Von einem Horst spricht man, wenn mehrere Samen in einem Kreis gesät werden. Für Bohnen und Erbsen ist das die beste Aussaatmethode. Sie wachsen besser in Gesellschaft und geben sich gegenseitig Halt mit ihren Ranken. Du kennst das vielleicht von der Aussaat rund um eine Bohnenstange.

Angaben auf Saattütchen beachten

Im Prinzip kannst du mit den Angaben auf einem Saatguttütchen, auch wenn du dich nicht besonders gut auskennst, erfolgreich aussäen. Du erfährst dort, wann du säen, pflanzen und ernten kannst, welche Temperatur die Samen zum Keimen und Wachsen brauchen, wie tief du säen sollst, wie sonnig der Standort sein sollte und in welchem Abstand die Pflanzen am besten wachsen. Vor allem Letzteres ist schwer zu beachten. Auch mir fällt das nicht leicht, weil es nicht einfach ist, daran zu glauben, dass aus so einem kleinen Samenkorn so etwas Großes werden kann.

Raus aus dem Topf – rein ins Beet

Du hast Jungpflanzen selbst gezogen oder in deiner Lieblingsgärtnerei gekauft und jetzt fragst du dich, ob du beim Umzug ins Beet etwas beachten musst, damit die Pflanze gut anwächst? Da gibt es tatsächlich ein paar Tipps ...

ERST BADEN, DANN BEETEN

Dieser Tipp ist wirklich ein Game-Changer, was den Anwachserfolg deiner Pflanze angeht. Tauche den Topf mit der Pflanze in einer Wanne mit Wasser so lange unter, bis keine Luftblasen mehr aus der Erde aufsteigen. Egal, wie gründlich du angießt, das Tauchen befeuchtet die Erde vollständiger und hilft so den zarten Wurzeln, nach der Pflanzung über die ersten schwierigen Tage in der neuen Umgebung zu kommen.

WURZELN AUFLOCKERN

Wenn eine Pflanze zu viel Zeit in einem kleinen Topf verbracht hat, beginnen ihre Wurzeln im Kreis zu wachsen und immer stärker zu verfilzen. Mit diesem Kreiswuchs hören sie auch im Beet nicht auf und wachsen daher ganz schlecht an. Lockere die Wurzeln vor dem Einpflanzen deshalb unbedingt auf. Du darfst dabei ruhig etwas brutaler vorgehen, wenn sie sehr verwachsen sind. Ich ritze die Wurzeln gerne mit meinem Gartenmesser drei, viermal längs an, das regt das Wachstum neuer Wurzeln an und verbessert den Anwachserfolg ganz erheblich.

STÜTZSTAB MIT EINPFLANZEN

Bei Pflanzen, die später gestützt werden müssen, stecke ich zuerst den Stützstab ins Pflanzloch und setze dann die Pflanze dazu. Es sieht zwar ein bisschen komisch aus, wenn eine winzige Pflanze neben einem 2 m hohen Stützstab steht, aber so verletze ich später keine Wurzeln, wenn ich ihn nachträglich reinstecken muss.

PFLANZTIEFE

Die meisten Pflanzen werden genauso tief gepflanzt, wie sie im Topf standen, aber es gibt ein paar Ausnahmen. Tomaten, Paprika, Gurken und Auberginen kannst du bis zu den ersten richtigen Blättern in die Erde versenken. Sie bilden am Stiel zusätzliche Wurzeln, mit denen sie Nährstoffe aufnehmen können und wachsen so zu kräftigeren

1

2

3

Pflanzen heran. Ganz anders Salat. Den solltest du eher etwas höher pflanzen, man sagt, er soll im Wind wehen. Der Wurzelhals darf auf keinen Fall unter der Erde verschwinden, das führt sonst dazu, dass er fault. Auch bei Erdbeeren musst du aufpassen, das Herz muss immer oberhalb der Erde liegen. Werden Knollengemüse wie Kohlrabi, Rote Bete oder Fenchel zu tief gepflanzt, kann sich keine Knolle bilden. Also auch da bitte auf die Pflanztiefe achten.

1. Noch ist es klein, aber das Bohnenkraut bildet schnell große Büsche.

2. Ein Tauchbad vor dem Einpflanzen sorgt für bessere Anwachsbedingungen.

3. Verfilzte Wurzeln mit dem Messer einritzen, dann wachsen die Pflanzen besser an.

PFLANZABSTÄNDE

Die Pflanzabstände hatte ich ja bei den Samen schon erwähnt. Es ist wirklich schwierig, sich daran zu halten, auch bei Jungpflanzen. Wer kann sich schon vorstellen, dass die winzige Blumenkohlpflanze mal zu einer Riesin mit mehr als 60 cm Durchmesser heranwächst. Geht mir wirklich genauso. Aber trotzdem muss ich dir sagen, es lohnt sich, genügend Abstand zu lassen. Die Pflanzen wachsen dann einfach besser, sie tragen mehr und größere Früchte. Einzige Ausnahme: Im Hochbeet kannst du, aufgrund der hohen Nährstoffdichte, dichter pflanzen und trotzdem auf eine gute Ernte hoffen.

Wasser marsch! Für eine gute Ernte

Pflanzen brauchen Wasser, damit sie Nährstoffe aus der Erde lösen und in ihren Pflanzenadern verteilen können. Dabei macht es sowohl für die Pflanze als auch für deinen Wasserverbrauch einen Unterschied, wann und wie viel du gießt.

1

JUNGPFLANZEN GUT VERSORGEN

Gerade in den ersten Wochen ihres Lebens, als Samenkorn oder als Keimling, ist eine gute Versorgung der Pflanzen mit Wasser entscheidend für deinen Ernteerfolg. In den Aussaatschalen und Töpfen sollte die Erde immer etwas feucht, aber nicht zu nass sein. Später im Beet, bzw. sobald sich die ersten Blätter zeigen, darf die Erde an der Oberfläche abtrocknen.

SELTEN, ABER KRÄFTIG GIESSEN!

Bei bereits eingewachsenen Pflanzen brauchen wir die Feuchtigkeit weiter unten. Wir wollen, dass unsere Pflanzen kräftige Wurzeln bekommen, die bis tief in die Erde reichen und sich dort auf die Suche nach Wasser und Nährstoffen machen. Deshalb gieße ich lieber selten, aber kräftig. Die Erde sollte nach dem Gießen ca. 20 cm tief durchnässt sein. Damit das gelingt, musst du mit 10 bis 20 Litern Wasser pro Quadratmeter rechnen. Allerdings reicht es dann, wenn du je nach Wetter ein- bis zweimal in der Woche gießt.

DORTHIN, WO'S GEBRAUCHT WIRD

Bitte lieber mit der Gießkanne oder dem Schlauch an die Wurzeln gießen und nicht mit dem Sprenger über die ganzen Pflanzen. Tomaten würden dir

Nach dem Pflanzen forme ich eine kleine Mulde um die Jungpflanzen. Dort **sammelt sich das Wasser** und sie werden in den ersten wichtigen Wochen besser mit Feuchtigkeit versorgt.

2

so eine Behandlung ausgesprochen übel nehmen und ganz allgemein verschwendest du damit eine Menge Wasser. Das Wasser auf den Blättern verdunstet nämlich, bevor es der Pflanze zugutekommt. Wir haben Bewässerungsschläuche verlegt, 700 m² sind mit Hand und bei den heißen Sommern, die wir in letzter Zeit haben, sonst nur schwer zu bewältigen. Auch für eine kleine Fläche kann sich diese Investition lohnen. Sie nimmt dir eine Menge Arbeit ab und spart am Ende durch gezielte Bewässerung im Wurzelbereich noch Wasser. Einige Systeme lassen sich sogar an eine Regentonne anschließen und mit einer solargetriebenen Pumpe bedienen.

Wir sind allerdings schon glücklich, wenn unser Regenwasser für die Frühlingsmonate reicht. Für Jungpflanzen ist es nämlich einfach das Beste. Über unser Laubendach sammeln wir Regenwasser in einem 1.000-Liter-Tank. Der ist auch über diese relativ kleine Fläche von ca. 12 m² schnell gefüllt. Für Regenrohre gibt es praktische Zwischenstücke mit eingebauter Klappe, die das Wasser in den Tank umleiten. Man muss kein Profi sein, um sie zu installieren.

Ich empfehle dir, in einen stabilen, frostsicheren Wassertank zu investieren, dann musst du das Wasser auch im Winter nicht komplett ablassen.

1. Frisch gepflanzte Gemüsepflanzen vorsichtig, aber durchdringend angießen.

2. Gieße direkt an die Wurzeln, dort wird das Wasser gebraucht und nicht auf den Blättern.

Feed me!

Das fordert Audrey, die fleischfressende Pflanze aus dem Musical „My little shop of horror“, immer dringlicher. Wer es noch nicht weiß, auf dieses Musical geht ursprünglich die Idee für unseren Blog-Namen zurück, die spitzen Zähne von Audrey haben es auch in unser Logo geschafft.

ORGANISCH DÜNGEN

Die Pflanzen in deinem Garten stehen Gott sei Dank auf ein unproblematischeres Futter. Zwar enthalten klassische Bio-Volldünger tierische Bestandteile wie Horn- und Knochenmehl oder Mist, aber wenn du magst, kannst du dein Gemüse und deine Blumen auch komplett vegan ernähren. Dann sorgt zum Beispiel Kleegras für einen Teil der benötigten Nährstoffe. Neben organischem Biodünger gibt es mineralische Kunstdünger wie Blaukorn zu kaufen. Ihre Gewinnung und Herstellung ist energieintensiv und umweltschädigend. Für mich sind sie beim Anbau von Gemüse und überhaupt im Garten keine Alternative.

STICKSTOFF (N) – PHOSPHAT (P) – KALIUM (K)

Das sind die drei Hauptnährstoffe, die deine Pflanzen für ein gesundes Wachstum brauchen. Sie sind in jedem käuflichen Dünger enthalten. Wenn du einen fertigen Biodünger kaufst, ist das N-P-K-Verhältnis auf der Verpackung angegeben. Die Zahl für Stickstoff ist dabei immer am höchsten, mengenmäßig gefolgt von Kalium und Phosphat. Auch wenn es inzwischen für jedes Gemüse einen eigenen Dünger zu geben scheint, kannst du doch einen Dünger für alles verwenden. Vergleiche einfach mal die N-P-K-Angaben auf den Verpackungen, dann wirst du merken, die Verhältnisse unterscheiden sich kaum.

Wirkung und Anwendung

– Stickstoff ist zuständig für ein gesundes und kräftiges Blattwachstum. Er wird in großer Menge und vor allem im Frühjahr und im Sommer gebraucht.
– Phosphat sorgt für kräftige Wurzeln, viele Blüten und Früchte, das heißt, es wird die ganze Saison hindurch in gleichmäßiger Menge gebraucht.
– Kalium fördert den Fruchtansatz und erhöht die Widerstandsfähigkeit deiner Pflanzen. Es sorgt vor allem im Sommer und gegen Ende der

Unsere Dünger-Bar für gesundes kräftiges Pflanzenwachstum

Saison für aromatisches Gemüse, süße Früchte und eine gute Haltbarkeit deiner Ernte.

EIGENEN DÜNGER ANBAUEN

Je kleiner deine Gartenfläche ist, desto schwieriger ist das natürlich, aber es ist möglich. Rasen ist ein hervorragender Stickstoff-Lieferant. Falls du keinen eigenen hast, vielleicht will dein Nachbar ja seinen Rasenschnitt loswerden? Die Düngewirkung von Brennnessel und Beinwell habe ich ja bereits auf Seite 70/71 beschrieben. Es lohnt sich, ihnen eine kleine Gartenecke zu überlassen.

Eine Handvoll Hornspäne

Dünger immer gut einarbeiten, damit die Wurzeln keinen direkten Kontakt haben.

Wellness für deinen Gartenboden

Der Gartenboden ist so etwas wie dein Kapital. Nur ein gesunder, lebendiger Boden wird dir zu einer guten Ernte verhelfen. Jede Minute, die du in Bodenpflege investierst, kannst du direkt in Obst, Gemüse und Blumen umrechnen.

Gesunder, lebendiger Boden

DECK MICH ZU!

Wenn du dich in der Natur umschaust, wirst du selten eine kahle Fläche finden. Nackter Boden wird schnell wieder mit einer grünen flaumzarten Decke überzogen oder wie im Wald von einer dicken Laubschicht geschützt. Sowohl der Pflanzenflaum als auch die Mulchschicht aus Laub sorgen für ein aktives Bodenleben und dafür, dass Nährstoffe im Boden erhalten und verfügbar bleiben. Nimm dir das für deinen Garten zum Vorbild und lass ihn nicht nackig liegen.

Gründüngung

Über Winter kannst du die leeren Beete mit einer Gründüngung vor der Witterung schützen und während der Saison kannst du freie Flächen in den Gemüsebeeten und im Staudenbeet mit Mulch bedecken.
Meine liebste Gründüngung ist die Phacelia. Sie wächst schnell, blüht, wenn man sie nicht zu spät ausgesät hat, schön, friert über Winter ab und bleibt als Mulchdecke bis zum Frühjahr liegen. Die abgefrorenen Reste lassen sich leicht in den mit ihrer Hilfe wunderbar lockeren und unkrautfreien Boden einarbeiten.

Mulch

Zum Mulchen nehme ich alles, was gerade so an organischem Material anfällt. Rasenschnitt, Laub von Bäumen (da fahre ich vorher mit dem Rasenmäher drüber), Staudenrückschnitt, Gemüseblätter, geschossener Salat. Ich zerkleinere es grob und verteile es in einer dünnen Schicht auf dem Boden. Das sieht nicht immer ordentlich aus, hat aber viele Vorteile. Der Boden trocknet nicht so schnell aus. Unkraut wird unterdrückt. Würmer und andere nützliche Bodenlebewesen ziehen die Reste in die Erde, lockern sie so und geben beim Verrotten Nährstoffe frei.
Ich habe übrigens im Zusammenhang mit Mulch keine schlechten Erfahrungen mit Schnecken gemacht. Eher im Gegenteil. Schnecken mögen

1

2

3

1. Feinkrümelig, locker und mit hohem Humusanteil – dieser Boden bietet beste Bedingungen für eine gute Ernte.
2. Lockere deine Beete regelmäßig mit dem Grubber.
3. Phacelia bildet schnell eine grüne Schutzschicht in deinen Beeten.

welkes Material lieber als knackiges Gemüse und da sie es so reichlich in unserem Garten vorfinden, lassen sie in der Regel unser Gemüse in Ruhe.

MACH MICH LOCKER!

Einmal Hacken spart zweimal Gießen, den Spruch habe ich von einer alten Dame, die mit 84 noch einen großen Gemüsegarten bestellt hat. Einmal die Woche ist sie sehr gemächlich mit der Hacke durch den Garten gegangen und hat die Erde zwischen dem Gemüse aufgelockert. Sie war bewundernswert fit und ihr Gemüsegarten ein Traum. Regelmäßiges Lockern der Erdoberfläche hilft dir wirklich dabei, Wasser zu sparen. Zum einen kann Regenwasser in einen lockeren Boden besser eindringen und bis zu den Wurzeln gelangen. Auf verdichteten Böden fließt es zu schnell oberflächlich ab und die Pflanzen leiden trotz Regen an Trockenheit im Wurzelbereich. Zum anderen unterbricht es das obere Ende der im Boden vorhandenen Kapillarröhrchen. Wasser, das einmal eingesickert ist, kann dann nicht mehr so schnell durch sie verdunsten. Optimal wäre es also, sowohl vor dem Gießen zu hacken, damit das Wasser gut in den Boden eindringen kann, und danach, damit das Wasser länger im Boden drinbleibt. Aber ehrlich, wenn du es alle 14 Tage schaffst, tust du schon sehr viel für deinen Garten.

Ich ernte, also bin ich

Für mich ist das Ernten von leckerem Obst und Gemüse das Sahnehäubchen von allem, was ich im Garten tue. Säen, pflanzen, pflegen, den Pflanzen beim Wachsen zusehen, ich liebe wirklich jede Tätigkeit im Garten, aber das Ernten ist und bleibt der krönende Abschluss.

KLEINER GARTEN, GROSSE ERNTE

Hier ein paar Ernte-Tipps für dich, wie du das Optimum aus deiner Ernte herausholen kannst.

Salat

Kopfsalate schneidest du mit einem Messer direkt über dem Wurzelballen ab. Lass die Wurzeln in der Erde, bis du die ganze Reihe geerntet hast, dann störst du beim Rausreißen nicht die Wurzeln der Nachbarpflanzen. Ernte zunächst jeden zweiten Kopf, dann haben die restlichen Salate Platz, um sich auszubreiten. Bei Pflücksalat erntest du immer die äußeren Blätter und lässt das Herz stehen. Schnittsalat schneidest du ca. 10 cm über dem Boden ab, er treibt bis zu dreimal wieder aus.

Blattgemüse

Ernte bei Mangold einzelne Blätter. Wenn du sie etwas hin- und her bewegst, lassen sie sich leicht ablösen. Bei Pak Choi und Tatsoi kannst du einzelne Blätter oder die ganze Pflanze ernten. Palmkohl und Grünkohl sind für mich die praktischsten Kohlarten, weil ich davon einzelne Blätter ernten kann. Wenn du willst, dass der Kohl weiterwächst, von unten nach oben ernten, ein Drittel der Blätter stehen lassen.

Kohlrabi, Radieschen, Rote Bete

Knollen schmecken jung geerntet am besten. Vorsichtig mit der Wurzel rausziehen. Zuerst jede zweite Pflanze, dann haben die anderen mehr Platz. Ich ernte die ersten Radieschen, wenn sie murmelgroß sind, Kohlrabi faustgroß und Rote Bete in Tennisballgröße.

Fenchel

Wenn du Fenchel direkt unter dem Knollenansatz mit der Erntehippe abschneidest, bildet sich noch einmal eine neue Knolle. Sie bleibt etwas kleiner als die erste, schmeckt aber genauso lecker.

Kartoffeln

Bei Kartoffeln kannst du entweder Tage zählen – frühe Sorten brauchen 90, späte 120 Tage bis zur Ernte –, oder du wartest, bis das Laub braun wird.

Erbsen und Bohnen

Je öfter du erntest, desto mehr Hülsen kommen nach. Sobald du sie ausreifen lässt, hört die Pflanze auf, neue zu bilden. Die Wurzeln sammeln über Knöllchenbakterien Stickstoff, den nachfolgende Pflanzen dann nutzen können. Lass sie, wenn die Pflanze abgeerntet ist, in der Erde.

1

1. Ein gut gefüllter Erntekorb, da hüpft mein Gärtnerinnen-Herz vor Freude.

2. Bohnen mit zwei Händen pflücken, damit die Ranken nicht abreißen.

3. Basilikum immer an der nächsten Verzweigung abschneiden, dann bleibt die Pflanze buschig und produktiv.

2

3

Tomaten

Tomaten haben eine Sollbruchstelle. Wenn sie reif sind, lassen sie sich leicht durch Kippen ablösen.

Auberginen

Reife Auberginen erkennst du an ihrem Glanz. Vorher und nachher sind sie matt. Mach außerdem die Daumenprobe. Steinharte Früchte sind unreif, das Fruchtfleisch sollte auf sanften Druck ein wenig nachgeben. Bleibt die Delle nach dem Drücken bestehen, ist die Aubergine überreif.

Kürbis und Zucchini

Kürbis erntest du am besten erst, wenn der Stielansatz braun wird. Dann lässt er sich am längsten lagern. Wenn du ihn direkt essen willst, kannst du ihn auch vorher ernten. Zucchini am besten jung ernten, 15 bis 20 cm ist eine gute Länge.

Kräuter

Bei den meisten Kräutern erntest du einfach die Triebspitzen. Du kannst das mit einem Rückschnitt verbinden, so behalten deine Kräuter eine kompakte kugelige Form. Bei Basilikum zwickst du die Triebe einzeln über einem Blattpaar ab. Dann verzweigt es sich gut und du hast lange Freude daran. Lass es nicht blühen, denn dann produziert es keine Blätter mehr. Eine Ausnahme ist das Strauch-Basilikum, es produziert auch nach der Blüte noch Blätter. Bei Schnittlauch und Petersilie schneidest du die Menge, die du brauchst, direkt über dem Boden ab.

Dein Garten im Winter

Im Winter gibt es im Garten nicht allzu viel zu tun. Ein paar letzte Arbeiten an den Beeten, ab und zu etwas ernten. Genieße die Ruhepause und sammle Kraft und Ideen für deine nächste Saison als Gärtnerin oder Gärtner.

Winterschönheit
Artischockenblüten geben dem Wintergarten Struktur und bieten Vögeln nahrhafte Samen.

GEMÜSEBEETE

Über die Gemüsebeete haben wir ja bereits gesprochen: Sie überwintern, sofern sie leer sind, am besten unter einer schützenden Decke aus Gründüngung oder Mulch. Sofern winterharte Gemüse darin wachsen, kannst du diese an besonders kalten Tagen mit einem lichtdurchlässigen Vlies aus dem Gartencenter abdecken.
Ernte dein Wintergemüse ausschließlich an frostfreien Tagen, sonst hast du nach dem Auftauen nur schlappe matschige Blätter anstelle von knackigem Wintergrün. Der eingebaute Frostschutz von Wintergemüse funktioniert nämlich nur, solange die Blätter an der Pflanze sind.

STAUDENBEETE

Das Staudenbeet darf bei mir über Winter etwas unordentlich aussehen. Ich lasse alle Stauden stehen und schneide sie erst im zeitigen Frühjahr zurück. Nur die einjährigen Kosmeen und Duft-Wicken schneide ich im Herbst bodennah ab und verteile sie, zusammen mit den Abfällen aus den Gemüsebeeten und dem Bohnen-Tipi, kleingeschnitten als Mulch im Beet. Bis zum Frühling haben nützliche Bodenlebewesen die Reste verspeist.
Sonnenhüte und Agastachen dürfen stehen bleiben. Ihre vertrockneten Blüten enthalten viele Samen, an denen sich die Vögel erfreuen. Mit ihrem Picken sorgen sie übrigens auch dafür, dass sich die Samen in deinem Garten verteilen und du dich im nächsten Jahr über noch mehr Sonnenhüte und Agastachen freuen kannst. Ihre Stiele nutzen Nützlinge als Winterquartier, das gilt auch für die markhaltigen Stiele der Sonnenblumen. Also stehen lassen!

VERTROCKNETE SONNENHÜTE
für Vögel stehen lassen

UNSER TIPI IM HERBST
Die letzten Bohnen ernte ich als Trockenbohnen für den Wintervorrat.

Service

ZUM WEITERLESEN

Diez, Otmar: **Was mache ich wann im Gemüsegarten?** Bild für Bild durchs Gemüseleben. Kosmos

Engwert, Carolin: **Abenteuer Garten. Mein erstes Jahr im Schrebergarten.** Das Anfängerbuch für alle Kleingärtner. Kosmos

Gaßner, Manuela: **Wenn nicht jetzt, wann dann?** Ressourcenschonend & nachhaltig gärtnern. Kosmos

Mayer, Joachim und Treml, Franz-Xaver: **Biodünger selbst herstellen.** 50 Rezepte für gesunde Pflanzen. Kosmos

NÜTZLICHE ADRESSEN

Saatgut

www.bingenheimersaatgut.de
www.biogartenversand.de
www.deaflora.de
www.dreschflegel-saatgut.de
www.keimzeit-saatgut.de
www.themostsecretgarden.com

Stauden und Kräuter

www.bio-kraeuter.de
www.lubera.com
www.syringa-pflanzen.de

Kartoffeln

www.biogartenversand.de
www.kartoffelkult.de
www.kartoffelvielfalt.de

Dahlien

www.gartenzauber.com
www.mycottagegarden.de

Nützlinge und Kompostwürmer

www.neudorff.de
www.wurmwelten.de

Terra Preta und Bokashi

www.emiko.de
www.neudorff.de
www.pflanzenkohle.de

Gartengeräte & Hilfsmittel

www.biogartenversand.de
www.borago.de
www.krumpholz1799.de

REGISTER

BILDNACHWEIS

206 Farbfotos wurden von Andreas Lauermann für dieses Buch aufgenommen.

3 Illustrationen wurden von Lisana Hartl nach Vorgaben von Anja Klein für dieses Buch gezeichnet.

IMPRESSUM

Umschlag- und Klappengestaltung von Claudia Eder, Schönburg unter Verwendung von vier Farbfotos von Andreas Lauermann und eines Farbfotos von Annika Fußwinkel (Außenklappe hinten).

Mit 206 Farbfotos und 3 Farbzeichnungen.

Alle Angaben in diesem Buch sind sorgfältig geprüft und geben den neuesten Wissensstand bei der Veröffentlichung wieder. Da sich das Wissen aber laufend in rascher Folge weiterentwickelt und vergrößert, muss jeder Anwender prüfen, ob die Angaben nicht durch neuere Erkenntnisse überholt sind. Dazu muss er zum Beispiel Beipackzettel zu Dünge-, Pflanzenschutz- bzw. Pflanzenpflegemitteln lesen und genau befolgen sowie Gebrauchsanweisungen und Gesetze beachten.
Die Blütenfarben sind sortenabhängig, daher können auch Farben auf dem Markt sein, die im Buch nicht genannt werden. Die Blütezeiten sind ebenfalls sortenabhängig, aber auch klima- und standortabhängig. Die angegebenen Wuchshöhen und -breiten der Pflanzen sind Mittelwerte. Sie können je nach Nährstoffgehalt des Bodens variieren. Verschiedene Sorten können deutlich größer oder auch kleiner wachsen als die Art.

Gedruckt auf umweltfreundlichem Papier, klimaneutral hergestellt.

ISBN 978-3-440-17905-5
Projektleitung: Carolin Küßner
Redaktion und Bildredaktion: Carolin Küßner
Gestaltungskonzept: GRAMISCI Editorialdesign, München
Gestaltung und Satz: Katrin Kleinschrot, Stuttgart
Produktion: Klaus Jost
Druck und Bindung: Gugler GmbH, A-Melk / Donau
Printed in Austria / Imprimé en Autriche

print 4 climate®
klimafreundlich gedruckt

– produziert nach den Richtlinien des Österreichischen Umweltzeichens, Gugler GmbH, UW-Nr. 609, www.gugler.at

Sicher. Kreislauffähig.
Klimafreundlich.
C2C Certified® SILBER by gugler*
drucksinn.at

Gärtnern im Hochbeet — mit Anja Klein

Das Hochbeet ist da und mit ihm viele Fragen: Welche Gemüse werden wann gesät oder gepflanzt? Was ist wann erntereif? Und wie muss das Hochbeet nachgefüllt werden? Dieser Jahresplaner führt Einsteiger:innen sicher durchs Hochbeetjahr. Ideal für den Start sind die verschiedenen Musterbeete mit Pflanzideen für jede Jahreszeit. Alle Arbeiten werden in Fotoanleitungen einfach erklärt und dank der praktischen Checklisten wird nichts vergessen.
KOSMOS – konsequent nachhaltig. Produziert nach dem zertifizierten Cradle-to-Cradle-Prinzip.

128 Seiten **kosmos.de**

Auf **der-kleine-horror-garten.de** zeigen wir dir, dass Gärtnern mit den richtigen Informationen jede Menge Spaß macht. Hier findest du alles, was du über Gemüse, Kräuter, Blumen, Nützlinge und das naturnahe Gärtnern wissen musst. Dazu tolle DIYs und leckere, meist vegetarische oder vegane Rezepte, in denen Gemüse aus dem Garten die Hauptrolle spielt. Unser Garten wird nach den Grundsätzen des Bioanbaus bewirtschaftet. Wir nutzen ausschließlich organische Dünger, arbeiten torffrei und verwenden alte samenfeste Gemüsesorten. Weil es besser schmeckt – uns und unserer Umwelt.

Du findest uns auch auf Instagram, Pinterest und YouTube jeweils unter **@derkleinehorrorgarten**. Wir freuen uns auf allen unseren Kanälen über dein Feedback, falls du Fragen hast, immer her damit, wir beantworten sie dir gerne.